HAYATINIZI DEĞİŞTİREN
BİLGELİK ÖYKÜLERİ

Derleyen: **Dr. Yaşar Ateşoğlu**

Hayatınızı Değiştiren Bilgelik Öyküleri

Derleyen: Dr. Yaşar Ateşoğlu

© Dr. Yaşar Ateşoğlu / Neden Kitap

Genel Yayın Yönetmeni: Tanıl Yaşar
İç Tasarım: Adem Şenel
Kapak Tasarım: Deniz Karatağ
Baskı-Cilt: Melisa Matbaası

2. Baskı Cep Boy / Nisan 2010

Yayıncı Sertifika No: 11389
ISBN 978-975-254-313-3

Melisa Matbaası: Çifte Havuzlar Yolu Acar Sitesi No: 4
Davutpaşa/İstanbul

YAYINCI
NEDEN KİTAP
www.nedenkitap.com
info@nedenkitap.com

GENEL DAĞITIM
GNG Dağıtım Pazarlama Hizmetleri
Turgutreis Mah. Giyimkent Sitesi B. 106/23 Esenler/
İSTANBUL
Tel: 0212 438 47 70 (pbx) Fax: 0212 438 47 73

HAYATINIZI DEĞİŞTİREN BİLGELİK ÖYKÜLERİ

Derleyen: **Dr. Yaşar Ateşoğlu**

İÇİNDEKİLER

GERÇEK YOKSULLUK GERÇEK ZENGİNLİK

～⟞⟝～

Günlerden bir gün zengin bir baba oğlunu bir köye götürdü. Bu yolculuğun tek amacı vardı. İnsanların ne denli yoksul olabileceklerini oğluna göstererek, yaşadıkları zenginliğin değerini daha iyi anlamasıydı.

Çok yoksul bir uzak akrabalarının evinde bir gün ve bir gece geçirdiler. Yolculuk dönüşü baba oğluna sordu:

"Orada gördüğün her şeyden sonra insanların ne kadar yoksul olabileceklerini anlamışsındır sanırım. Şimdi bizim zenginliğimizle onların fakirliklerini bir kıyasla bakalım."

Çocuk anlatmaya başladı:

"Bizim evde bir köpeğimiz var, onların dört tane vardı. Bizim evde çok büyük bir havuz var. Onların ise içinde binlerce balığın oynaştığı uçsuz bucaksız dereleri var. Bizim bahçemizi aydınlatan lambalarımız, onların bahçelerini aydınlatan yıldızları var. Bizim görüşümüz ön bahçeye kadar, onlar ise tüm gökyüzünü görüyor."

Ve babasının hayret dolu bakışları arasında devam etti:

"Teşekkürler baba, ne kadar yoksul olduğumuzu gösterdiğin için!"

CENNETE GİDİNCEYE
KADAR BEKLEMEM GEREKİYOR

～ず～

Jack yavaşlamadan önce takometreye baktı. Hız limitinin elli olduğu yerde yetmiş üç ile gidiyordu ve son dört ay içerisinde dördüncü defa polis tarafından durduruluyordu. Bir insan nasıl bu kadar şansız olabilirdi?

Jack arabasını sağa çekti. 'İnşallah şu anda yanımızdan daha hızlı bir araba geçer,' diye düşünüyordu.

Polis elinde kalın bir not defterle arabadan indi.

Bob? Bu polis, kiliseden tanıdığı Bob değil mi?

Jack iyice arabasının koltuğuna sindi. Bu durum bir cezadan daha kötüydü. Kilisede tanıdığı bir polis, arkadaş olduğuna bakmaksızın birini durduruyordu. Hem de hızlı gidip, trafik kurallarını ihlal ettiği için.

"Merhaba Bob! Bu şekilde karşılaşmamız ne kadar ilginç!"

"Merhaba, Jack!" Bob gülümsemiyordu.

"Beni, karımı ve çocuklarımı görmek için giderken yakaladın."

"Evet, öyle," Bob umursamaz görünüyordu.

"Son günler eve hep çok geç geldim. Çocuklarım beni uzun süredir hiç görmedi. Ayrıca Dilbana bana bu akşam patates ve biftek yiyeceğimizi söyledi. Ne demek istediğimi anlıyor musun?"

"Evet, ne demek istediğini anlıyorum. Ayrıca trafik kurallarını ihlal ettiğini de biliyorum," diye cevapladı Bob.

'Eyvah! Bu taktik fazla işe yaramayacak gibi. Taktik değiştirmek gerekli,' diye düşündü Jack:

"Beni kaç ile giderken yakaladın?"

"70! Lütfen arabana girer misin?" dedi Bob.

"Ah, Bob, bekle bir dakika lütfen. Seni gördüğüm anda takometreye baktım. Sadece 65 ile gidiyordum."

"Lütfen, Jack; arabana gir!" diye üsteledi Bob.

Jack canı sıkkın bir şekilde arabasına girdi, kapıyı çarparak kapattı.

Bob not defterine bir şeyler yazıyordu.

'Bob niye benim ehliyetimi ve araba ruhsatımı istemiyor ki,' diye düşündü Jack.

Ne olursa olsun, bundan sonra kilisede bu adamın yanına oturmaktansa, birkaç Pazar Jack kiliseye gitmeyecekti. Bob kapıyı tıklatıyordu. Jack arabasının penceresini açtı. Bob Jack'a bir kâğıt verdi ve gitti.

"Ceza değil bu," diye kendi kendine söylendi Jack. Bir anda sevinmişti. Bu bir yazıydı ve kâğıtta şunlar yazıyordu:

"Sevgili Jack, benim bir kızım vardı. Altı yaşındayken çok hızlı araba kullanan biri tarafından öldürüldü. Bu kazadan dolayı, adam cezalandırıldı. Üç ay hapishane cezasıydı bu. Bu adam hapishaneden çıkınca kendi çocuklarına sarılıp, öpüp, onları tekrar koklayabildi. Ama ben... Ben kızımı tekrar koklayabilip, öpebilmek için cennete gidinceye kadar beklemem gerekiyor. Bin defa adamı affetmeye çalıştım. Bin kere de başardığımı zannettim. Belki başarmışımdır, ama hâlâ kızımı düşünüyorum. Lütfen benim için dua et ve dikkat et, Jack; tek bir oğlum kaldı."

Jack on beş dakika kadar bir süre yerinde kıpırdayamadı. Daha sonra kendine gelip, yavaş yavaş evine gitti. Evine varınca, çocuklarına ve karısına sıkıca sarıldı.

ÖĞRENMENİN ESASI

~❦~

Genç bir adam, değerli taşlara ilgi duyarmış ve mücevher ustası olmaya karar vermiş. 'Bu mesleği yapacaksam, iyi bir mücevher ustası olmalıyım,' diye düşünmüş ve ülkedeki en iyi mücevher ustasını aramaya başlamış. Sonunda bulmuş, yanına gitmiş. Bir süre bekledikten sonra usta tarafından kabul edilmiş.

"Anlat, dinliyorum," demiş usta. Genç adam, taşlara ilgi duyduğunu ve iyi bir mücevher ustası olmaya karar verdiğini heyecanla anlatmış. Yaşlı usta sesini çıkarmadan genç adamı dinlemiş, sözleri bitince de ona bir taş uzatmış...

"Bu bir yeşim taşıdır," dedikten sonra, genç adamın avucuna taşı bırakmış ve avucunu kapatmış.

"Avucunu aynen böyle kapalı tut ve bir yıl boyunca hiç açma. Bir yıl sonra tekrar gel. Haydi şimdi güle güle," demiş ve şaşkın genç adamı öylece bırakıp kalkmış, odadan çıkmış. Genç adam evine dönmüş, kendisini merakla bekleyen annesiyle babasına neler olduğunu anlatmış. Anlattıkça da kendisine çok anlamsız gelen bu hareketi ve soğuk konuşması nedeniyle kızdığı ustaya olan öfkesi artıyormuş.

Günler geçmeye başlamış. Genç adam sürekli söyleniyor, ama avucunu hiç açmıyormuş. "Nasıl böyle budalaca bir şey yapmamı ister? Bir de ülkenin en iyi mücevher ustası olacak. Bu saçmalığa bir yıl boyunca nasıl katlanacağım, böyle bir eziyetle nasıl yaşarım? Bu ne biçim ustalık… Ustalık kaprisi yapacaksa, bari başından yapmasaydı…" Devamlı söyleniyor, her önüne gelene ustadan yakınıyor, ama avucunu hiç açmıyormuş. Avucu kapalı uyuyor, bütün işlerini diğer eliyle yapıyormuş. Ve bu duruma giderek alışmaya, diğer elini çok rahat kullanmaya başlamış. Uyurken de yanlışlıkla avucu açılıp taş düşmesin diye hep yarı uyanıkmış.

Böylece bir yıl geçmiş. Her günü zorluklarla dolu, her gecesi de yarım uykuyla yaşanmış bir yılı tamamlamış. Ve o gün gelmiş. Genç adam tam bir yıl sonra, büyük ustanın karşısına çıkmış. Usta bir süre beklettikten sonra yanına gelince, genç adam ne kadar saçma bulursa bulsun, bu sınavı başarıyla tamamlamış olmanın verdiği gururla elini uzatmış, avucunu açmış: "İşte taşın," demiş. "Bir yıl boyunca avucumda taşıdım, şimdi ne yapacağım?" Yaşlı usta sakin bir sesle cevap vermiş:

"Şimdi sana bir başka taş vereceğim, onu da aynı şekilde bir yıl boyunca avucunda taşıyacaksın." Bu söz üzerine genç adam bütün sükûnetini kaybetmiş, bağırıp çağırmaya başlamış. Yaşlı ustayı bunaklıkla, delilikle suçlamış. Mücevher ustalığını öğrenmek için gelen genç bir insana böyle eziyet ettiği için, hasta olduğunu bağıra çağıra söylemiş. Genç adam bağırıp çağırırken, yaşlı usta ona hissettirmeden bir taşı avucuna sıkıştırmış. Öfkeden yüzü kıpkırmızı genç adam, bir yandan bağırıp çağırırken avucundaki taşı hissetmiş. Durmuş, taşı biraz daha sıkmış ve heyecanla konuşmuş:

"Bu taş, yeşim taşı değil usta!"

NASIL BİR HAYAT

~

Bir zamanlar bir dağın yamacında yalnız başına yaşayan bir bilge varmış. Maddi ve manevi dertleri olanlar dünyanın birçok bölgesinden bu yöreye gidip bu bilgini ziyaret ediyor, ona akıl danışıyorlarmış.

Bir gün genç bir adam kafasına takılan bir soruyu sormak için buraya gelmiş. Küçük bir kulübe olarak tasarladığı bu yer adeta bir saray yavrusuymuş.

İçeride birçok insan soru ve sorunları için uzun kuyruk oluşturmuş. Bu genç de sıraya girmiş.

Sıra ona gelince sorusunu sormuş:

"Bana yaşamı özetler misin? Nasıl bir hayat en iyi hayattır?"

Bilge cevap vermiş:

"Bu soruya vereceğim cevap uzun olacak, sıranın bitmesini beklemelisin ki rahat rahat konuşalım. Sen bu arada benim evimi gez. Bir de sana bir kaşık sıvı yağ veriyorum. Sakın onu dökmeyesin."

Genç elinde yağ dolu kaşıkla odaları dolaşmış. Uzun bir süre sonra tekrar bilginin karşısına çıkmış. Bilge adam sormuş:

"Evimi dolaştın mı?"

"Evet," cevabını alınca devam etmiş, "Peki halılarımın desenlerine dikkat ettin mi hangi şekiller var?

"Hayır dikkat etmedim."

"Peki, kitaplarım, kitaplığım nasıl duvar resimlerimi inceledin mi?"

Genç karşılık vermiş:

"Ama ben yağ dökülür endişesiyle onlara dikkat edemedim."

"Peki, o zaman şimdi git evimin eşyalarını iyi tanı ki beni de tanıyasın. Bu arada yağa dikkat et."

Genç, evi dolaştıktan sonra tekrar gelmiş ve evdeki bütün eşyalar hakkında ayrıntılı bilgiler vermiş.

"Çok güzel gerçekten çok dikkatli incelemişin, peki ama yağ ne âlemde, yağa dikkat ettin mi?" diye bilge adam sormuş. Genç şaşkın, kaşığa bakarak:

"Eyvah... Evi incelerken yağı unutmuşum, yağ dökülmüş."

Bilgin gencin ilk sorusunu gülümseyerek cevaplamış:

"Anlamlı hayat şudur: Elindeki yağı dökmeden evi inceleyebilmektir."

ANTİKA

❧

Genç adam antika merakıyla Anadolu'nun en ücra köşelerini dolaşıyor ve gözüne kestirdiği malları yok pahasına satın alarak yolunu buluyordu. Kış kıyamet demeden sürdürdüğü seyahatler sırasında başına gelmeyen kalmamış gibiydi. Fakat, bu seferki hepsinden farklı görünüyordu. Yolları kapatan kar yüzünden arabasını terk etmiş ve yoğun tipi altında donmak üzereyken, bir ihtiyar tarafından bulunup onun kulübesine davet edilmişti. Yaşlı adam antikacının yürümesine yardım ederken:

"Günlerdir hasta olduğumdan odun kesmek için ilk defa dışarıya çıktım," dedi. "Meğer seni bulmak için iyileşmişim!"

Diz boyuna varan karla boğuşup kulübeye geldiklerinde, antikacının göre göre donuklaşan gözleri faltaşı gibi açıldı. Odanın orta yerindeki kuzinenin etrafını saran üç-dört iskemle, onun şimdiye kadar gördüğü en güzel antikalar olmalıydı.

19

Saatlerdir kar içinde kalan vücudu bir anda ısınmış, buzları bir türlü çözülmeyen patlıcan moru suratını ateşler kaplamıştı.

Yaşlı adam, misafiri yatırmak için acele ediyordu. Ona birkaç lokma ikram edip sedirdeki yatağını hazırlarken:

"Bugün soba yakamadım, evladım," dedi. "Ama bu yorganlar seni ısıtacaktır."

Ev sahibi yıllar önce vefat eden eşiyle paylaştıkları odaya geçerken, antikacı da tiftikten örülen battaniyelerin arasına gömüldü. Ancak bütün yorgunluğuna rağmen bir türlü uyuyamıyordu. Ertesi gün gitmeden önce ne yapıp edip o iskemleleri almalı, bunun için de iyi bir senaryo uydurmalıydı. Mesela hayatını kurtarmasına karşılık ihtiyara birkaç koltuk satın alabilir ve eskimiş olduğu bahanesiyle dışarı çıkarttığı iskemleleri, çaktırmadan minibüsün arkasına atabilirdi. Hatta onları kaptığı gibi kaçmak bile mümkündü. Yürümeye dahi mecali olmayan ihtiyar, sanki onun peşinden koşabilecek miydi?

Genç adam kafasındaki fikirleri olgunlaştırmaya çalışırken rüzgârın uğultusuyla da dalıp gitmişti.

Sabahleyin gözlerini açtığı gibi odadaki sandalyelerin gözden kaybolduğunu fark etti:

"İhtiyar kurt herhalde planımı fark etti," diye düşündü. "Belki de rüyada sayıkladım da söylediklerimi duyup onları sakladı," dedi.

Kahvaltıda sakin görünmeye çalışarak yaşlı adama seslendi:

"İliğim, kemiğim ısınmış," dedi. "Çorbanız da harika olmuş; ama akşamki iskemleleri göremiyorum."

Yaşlı adam odanın köşesine yığdığı iskemle parçalarından sonuncusunu da sobaya atarken:

"İskemle dediğin, dünyanın malı be, evladım!" dedi. "Biz misafirimizi üşütür müyüz?"

ÖMÜRDEN SAYMAYIZ

～❧～

Bir gün dervişin biri, bir köyün mezarlığı yanından geçerken bir şey dikkatini çekmiş. Mezarlıktaki bütün mezarların üzerindeki taşlarda 'Beş yıl yaşadı', 'Üç yıl yaşadı', "Sekiz yıl yaşadı" gibi yazılar görmüş.

Köye varmış. Köylüler dervişi köy odasında misafir etmiş. Yemek yenilip sohbet başlayınca derviş köyün ileri gelenlerine sormuş:

"Merak ettim. Köye gelirken mezarlıktan geçtim. Mezarlıkta bir şey dikkatimi çekti. Bütün mezar taşlarında üç yıl yaşadı, beş yıl yaşadı, sekiz yıl yaşadı gibi ifadeyle yazıyor. Oysa bu mezarların çoğu yıllar boyu yaşamış, ihtiyarlamış ve vefat etmiş insanlara ait. Niçin böyle yazılmış, bunun nedenini çok merak ettim," demiş.

Köyün ileri gelenleri cevap vermişler:

"Biz ömrümüzü dostlarımızla, sevgiyle ve mutlulukla bir arada geçirdiğimiz zamanla değerlendiririz. Diğer zamanları ömürden saymayız!"

ÇİÇEKLERİ GÖRÜYOR MUSUNUZ?

Kör sağır ve dilsiz doğdu. Fakat insanlık tarihine bir dilenci olarak değil, çok iyi bir felsefeci olarak geçti. Başlangıçta göremiyordu, konuşamıyordu, duyamıyordu. Ama bütün bunların üstesinden gelmeyi başardı. Ve bir gün şöyle dedi:

"Bazen kendi kendime: 'Dünyada herkes senede iki gün görme ve işitme duyularından mahrum kalsa, ne iyi olurdu,' diye düşünürüm. O zaman onlar karanlıkta görme kabiliyetlerine daha çok değer vermeyi, sessizlikte seslerin verdiği zevki daha iyi duyabilmeyi öğrenebilirlerdi."

Acaba sadece birkaç günlüğüne görebilmesi mümkün olsaydı, önce neleri görmek isterdi

Hellen Keller?

"Birinci gün bana olan iyilikleri ve yardımlarıyla hayatıma değer veren insanları görmek isterdim. Bir kimseyi görebilmenin insanlarda ne hisler uyandırdığını bilmiyorum. Ben sadece dokunarak onların yüz hatlarını, kederli mi, neşeli mi olduklarını hissedebilirim. Fakat görenler, acaba gözlerini iyi kullanıyorlar mı? Sevdiklerinin göz renklerini, yüz hatlarını biliyorlar mı?

Evet, ilk gün sevdiğim arkadaşlarımı eve çağırıp yüzlerine uzun uzun bakardım. Sonra yeni doğmuş bir bebek görmek isterdim. Sadece onun masumluğundan bir güzellik hissesi alabilmek için.

Kitapları görmek isterdim ayrıca. O akşam grubun her zamankinden daha parlak ve muhteşem olması için Allah'a yalvarırdım. Ve gözlerimi hiç ama hiç kapamazdım. Ertesi günü şafak vaktini seyrederdim. Sonra insanların sanat eserlerini görmek isterdim."

Etrafınıza üç gün sonra bir daha hiç göremeyecekmiş gibi bakınız.

Üç gün sonra bir daha hiç duyamayacakmış gibi dinleyiniz sesleri.

Belki o zaman, her zaman bakıp da görmediğiniz, işitip de güzel bulmadığınız ne harikalarla karşılaşacaksınız.

BEKLEYİŞ

~∾~

Genç adam elinde bir demet çiçek, sahile koşarak geldi. Gözleri şöyle bir sahilde gezindi, aradığını göremeyince ilk gördüğü banka oturup sevdiğini beklemeye başladı.

Sevgilisinin en sevdiği çiçeklerdi bunlar; kırmızı, kan kırmızısı güller... Sanki dalından yeni koparılmış gibi tazeydiler, buram buram kokuyorlardı; sevgi kokuyor, aşk kokuyor en önemlisi de özlem ve hasret kokuyordu güller. Hepsinin üzerinde damlalar vardı. Sanki ağlıyor gibiydiler. Genç adam güllere baktı, sanki onlarla konuşuyormuş gibi: "Neden ağlıyorsunuz, bakın ben ne kadar mutluyum," dedi.

Az sonra sevdiğini göreceği için kalbi yine deli gibi atmaya başladı. Ne zaman onu düşünse, onunla buluşacağını hayal etse, kalbi yine böyle yerinden çıkacakmış gibi oluyordu.

Senelerdir birbirlerini sevmelerine rağmen iki-si de sevgisinden hiçbir şey kaybetmemişti. Onları hiçbir şey ayıramazdı. Ne hasret, ne ayrılık ne de ölüm... Genç adam telaşla saatine baktı. Sevdiği yine geç kalmıştı, bir dakika geç kalmıştı. Üstelik o, sevdiğini bekletmemek için dakikalarca önce koşarak geliyor, onu beklemeyi bile seviyordu. Ama sevdiği her zaman bunu yapıyordu. Devamlı kendisini bekletiyordu. Herkesin bir kusuru olur-muş diye düşündü.

Ve gözlerini önündeki uçsuz bucaksız denize dikti. Denizin sonu yok gibiydi, tıpkı sevdiği kıza olan aşkı gibi denizin de sonu yoktu. Sonsuzluğa uzanıyordu.

Aslında bugün onlar için çok özel bir gündü. Kendi aralarında sözleneceklerdi. Delikanlı önce bunu sevdiğine açmış, sonra da gidip iki tane yü-zük. almıştı. Bu kadar önemli bir günde bari onu bekletmemeliydi.

Ama alışmıştı artık beklemeye, zararı yok bi-raz daha beklerim diye düşündü. Güllerin yaprak-ları nedense hâlâ ıslaktı. Bir türlü anlayamıyordu onları. Her şey bu kadar güzelken neden ağlıyor-lardı ki? İşte az sonra sevdiği gelecek, ona sarıla-cak, kucaklaşacaklardı.

Sonra söz yüzüklerini takıp, evliliğe ilk adımlarını atacaklardı. Genç adam öyle heyecanlıydı ki sevdiğine kavuşmak için can atıyordu. Martılara baktı, birbirleriyle oynaşıp, uçuşan martılara. Ne kadar güzel dans ediyorlardı havada. Tekrar saatine baktı genç adam. Endişelenmeye başlamıştı. Sevgilisi yine geç kalmıştı, hem de çok. Bu kadar geç kalmaması gerekiyordu. İşte her gün burada buluşmak için sözleşmiyorlar mıydı? Her gün sahile, martılara bakarak denizin onlara anlattığı masalları dinleyerek birbirlerine sarılıp hasret gidereceklerine söz vermiyorlar mıydı? O zaman neden gelmemişti yine? Aklına kötü düşünceler gelmeye başladı. Hayır... Hayır... Olamazdı. Sevdiğine bir şey olamazdı. Onsuz hayat yaşanmazdı ki... O ölse bile devamlı yaşar diye düşündü genç adam. Bunun düşüncesi bile hoş değildi. Gözlerini yere indirdi. Gözyaşlarını kimsenin görmesini istemiyordu. Zaten nedense etrafındaki insanlar ona sanki kaçık gibi bakıyorlardı. Rahatsız olmaya başladı, bakışlardan.

Yine sevgilisi düştü aklına. 'Neden gelmedi acaba?' diye düşünmeye başladı. Gözlerini kapattı. Yedi sene oldu, dedi.

Yedi senedir her gün bu sahildeydi, sevdiğini bekliyordu. Daha fazla dayanamadı. Kalbi parçalanacak gibi oluyordu. Gözlerinden bir damla daha yaş güllerin üzerine damladı.

Yine gelmeyecek galiba, en iyisi ben onun evine gideyim diye mırıldandı. Hiç olmazsa gülleri her zamanki gibi yanına koyar, ona vermiş olurdu.

Genç adam ayağa kalktı. Sevdiğiyle buluşmak üzere, yeşil tepenin ardındaki mezarlığa doğru yürümeye başladı.

YENİ YÜZ

～◆～

Yıllar önce çalışkan bir adam, ailesini avantaj-lı bir iş imkânı sağlamak için New York'tan Avustralya'ya götürdü. Adamın ailesinden biri, sirke trapez artisti olarak katılmak veya aktör olma tutkusu olan genç ve yakışıklı oğluydu. Bu genç adam zamanını bir sirk işi ya da herhangi bir sahne işi gelene kadar kasabanın sınırındaki batı bölümünde yerel bir tersanede çalışarak geçirdi.

Bir akşam işten eve gelirken onu soymak iste-yen beş haydut tarafından saldırıya uğradı. Genç adam, parasından vazgeçmek yerine onlara karşı koydu. Bununla birlikte onu kolayca alt ettiler ve onu feci şekilde dövmeyi sürdürdüler. Botlarıyla yüzünü parçaladılar ve tekmelediler, vücudu-na acımasızca vurdular ve onu ölüme terk etti-ler. Aslında polisler, onu yolda uzanmış bir şekilde bulduklarında, onun öldüğünü sanmışlardı.

Morg yolunda, polislerden biri, adamın zor-lukla nefes aldığını duydu ve onu hemen hastanedeki acil bölümüne götürdüler. Acil bölümünde yatarken, bir hemşire korku içinde bu genç adamın uzun süre bir yüze sahip olamayacağını fark etti. Göz yuvaları parçalanmış, kafatası bacakları ve kolları kırılmış, burnu askıda kalmış, bütün dişleri kırılmış ve çenesi hemen hemen kafatasından ayrılmıştı. Yaşama imkânı az olmasına rağmen, bir yıla yakın zamanını hastanede geçirmişti. Sonunda hastaneden ayrıldığında vücudu iyileşmişti. Fakat yüzü bakılmayacak kadar biçimsiz ve iğrençti. Artık herkesin imrenerek baktığı yakışıklı genç değildi. Genç adam yeniden iş aramaya başladığında herkes tarafından geri çevrildi. Bir işveren ona sirkte yüzü olmayan adam adında tuhaf bir şov önerdi ve bir süre bu işi yaptı. Bu olanlar boyunca o hâlâ herkes tarafından reddediliyor, iş yerinde hiç kimse onunla görünmek istemiyordu. Genç adam intiharı düşünmüştü. Bütün bunlar 5 yılda gerçekleşmişti. Bir gün kiliseye uğradı ve bir teselli aradı. Kiliseye giderken onu kilisenin sırasına diz çökmüş hıçkıra hıçkıra ağlarken gören bir rahiple karşılaştı. Rahip ona acıdı ve onu uzun uzadıya konuştukları odasına götürdü. Rahip büyük ölçüde etkilenmişti. O'nun yaşamını ve gururunu tekrar kazanabilmesi için elinden gelen her şeyi yapabileceğinin mümkün oldu-

ğunu söyledi. Ama genç adam iyi bir Katolik ola-
bileceğine söz verecek ve olacaktı. Genç adam her
gün ibadet için kiliseye gidiyor ve ibadet ediyor-
du. Ve Allah'a onun hayatını bağışladığı için dua
ettikten sonra beyin huzurunu sağlamasını istiyor
ve onun gözünde iyi bir insan olması için şükran
duasını ediyordu.

Rahip kişisel ilişkileri sayesinde Avustralya'daki
en iyi plastik cerrahla görüştü. Genç adam hiçbir
ücret ödemeyecekti. Çünkü doktor rahibin en ya-
kın arkadaşıydı.

Doktor genç adamdan çok etkilenmişti. Onun
hayata bakış açısı tüm kötü tecrübelerine karşı mi-
zah ve sevgi doluydu. Cerrah harika bir şey başar-
dı. En iyi yüz ameliyatını onun için yaptı. Genç
adam Allah'a söz verdiği her şeyi yerine getirdi.
Tanrı'da ona harika ve çok güzel bir eş, yedi ço-
cuk ve ileride kariyer için düşündüğü iş hayatın-
daki başarıyla ödüllendirdi.

Bu genç adam, Mel Gibson'dı.

CENNET VE CEHENNEM

Bir Samuray rastladığı Budist rahibe kafasına takılan bir soruyu yöneltti:

"Cennet nasıl bir şeydir, cehennem nasıl bir şeydir?"

Din adamı azarlarcasına karşılık verdi Samuray'a:

"Git başımdan, senin sorularına ayıracak vaktim yok!"

Ummadığı bu cevaba bir de yanındaki arkadaşlarının gülmesi eklenince Samuray'ın kan beynine sıçradı. Hemen kılıcını çekti ve din adamına doğru hamle yaptı:

"Şimdi senin o kelleni gövdenden ayıracağım; sen kiminle konuştuğunu sanıyorsun?"

Din adamı hiç heyecana kapılmadan Samuray'ın kendisine iyice yaklaşmasını bekledi. Sonra da Samuray'a sakin bir şekilde seslendi:

"İşte cehennem budur!"

Samuray şaşırdı. Kılıcı havada kaldı. Sonra da onu kılıfına sokarak bir kenara oturup sakinleşmeye başladı. Kendi kendisine söylendi:

"Az kalsın savunmasız bir insanı öldürecektim; üstelik de bir din adamını."

Sakinleştikten sonra din adamına bakarak alçak sesle konuştu:

"Özür dilerim, efendim."

Din adamı gülümseyerek karşılık verdi savaşçıya:

"İşte cennet de budur."

GARİP BALIKÇI

B ir gün bir balıkçı av malzemelerini ve balık sepetini alarak oltayla balık tutmaya gitmiş.

Gittiği yerde bol şans dilediği diğer balıkçılar hiç balık yakalayamamışlar. Adam, "Ya nasip!" diyerek, oltasını atmış. Kısa bir süre sonra oltasına büyük bir balık gelmiş ama, adam balığı iğneden kurtarmış ve kendi kendine "Olmadı!" diyerek, balığı nehire bırakmış. Kısa bir süre sonra ondan daha büyük bir balık yakalamış ama yine "Olmadı!" diyerek, balığı suya bırakmış. Çevresindeki kişilerin şaşkın ve alaycı bakışları arasında küçük bir balık daha yakalamış. Çevresindekiler, "Büyükleri beğenmediğine göre bunu hiç tutmaz, hemen suya atar," diye düşünmüşler. Oysa adam balığı iğneden kurtardıktan sonra "Oh be!" diyerek, balığı sepetine atmış. Adamın bu garip tavırlarına şaşıran oradaki balıkçılardan bir tanesi dayanamamış ve sormuş "Arkadaş; büyük balıkları suya geri atıyorsun ama küçük balığı sevinçle sepetine atıyorsun. Bunun anlamı nedir?"

Adam tebessümle cevaplamış: "Evet, balıklar büyük ama benim sepetim küçük ben sepetime uygun balıkları yakalamalıyım."

HER ŞEY O KADAR KÖTÜ OLAMAZ

Hayatımın en zor dönemlerinden biriydi. İflas etmiştim. Elimdeki gayrimenkulleri, borçlarımı ödemek için tek tek elimden çıkarıyordum. Yaşama ve çalışma sevgimi iyice yitirmiş, kendimi sigara ve alkolle avutur hale gelmiştim. Sağlığım günden güne bozuluyordu.

Böyle bir günde ellerim cebimde bir caddede karşıdan karşıya geçerken, belden aşağısı olmayan bir adamı bir kaykay üzerinde karşıya geçerken gördüm. Yaya kaldırımına çıkabilmesi için benden yardım istedi ve ona yardım ettikten sonra bana: "Teşekkürler bayım, ne güzel bir hava değil mi? Üzüntülüsünüz ama her şey o kadar kötü olamaz," dedi.

Birden düşündüm. Bu adam bu haliyle mutluluğu yakalamış, yaşama bu kadar bağlanmıştı. Peki ya ben? Bana ne olmuştu? Evet, iflas etmiştim ama dünyada ilk iflas eden ben miydim? Dünyanın sonu değildi ya!

Hemen bankaya gittim bir miktar kredi çektim; cesur ve sağlıklı kararlar alarak, bir müddet sonra eski maddî gücüme kavuştum.

Şimdi düşünüyorum. İnsanın bu şekilde değişimler yaşaması için ille de benim karşılaştığım gibi bir olayla mı karşılaşması gerekiyor?

GERÇEK SEVGİLİ

❧

Birisi geldi; bir dostun, bir sevgilinin kapısını çaldı, sevgilisi;

"Kimsin, a güvenilir er?" dedi.

Adam:

"Benim," deyince;

"Git," dedi, "şimdi zamanı değil, böylesine sofrada olgunlaşmamış kişinin yeri yoktur."

Ham kişiyi ayrılık ateşinden başka ne pişirebilir; iki yüzlülükten ne kurtarabilir?

O yoksul gitti; tam bir yıl yollara düştü; sevgilinin ayrılığıyla kıvılcımlar saçarak cayır cayır yandı.

O yanmış yakılmış kişi pişti; olgunlaştı. Geri geldi, gene sevgilinin evinin çevresine düştü.

Yüzlerce korkuyla, yüzlerce defa edebi gözeterek kapının halkasını çaldı; ağzından edebe aykırı bir söz çıkacak diye de korkup duruyordu.

Sevgilisi:

"Kapıdaki kim?" diye bağırdı.

Adam:

"A gönüller alan," dedi, "kapıdaki sensin."

Sevgilisi:

"Mademki bensin, gel, içeriye gir," dedi. "Bu ev dar, iki kişi sığmıyor."

İNSAN OLMAK...

O, yoksul bir taşçıydı. Her gün kayaları parçalıyordu. İşi çok ağırdı. Ama çok az aylık alıyordu. Bu yüzden hayatından hiç memnun değildi. "Ben başkalarından daha çok çalışıyorum" diye düşünüyordu, "Benim işim onlarınkinden ağır ve ben onlardan daha az kazanıyorum. Zengin olmak istiyorum. Biraz dinlenirim ve güzel elbiselerim olur." O anda gökten bir melek indi. Ona, "zengin olacaksın, güzel elbiselerin olacak" dedi. Taşçı, hemen zengin oluverdi. Artık onun da güzel elbiseleri vardı ve bir iş yapmak zorunda da değildi.

Günün birinde kral, onu sarayına davet etti. O, sarayın güzelliğine hayran oldu. Kral ondan daha zengindi. Bu yüzden üzüldü, "ben de kral olmak istiyorum" dedi. Gökten bir melek geldi ve onu kral yaptı. Bütün gün hiç çalışmıyordu.

Çok sıcak bir gündü... Güneş ışınlarını saçıyor, yeryüzü yanıyor mu yanıyordu. Kral kızdı; güneş ondan nasıl güçlü olurdu ki... Yaşamı yine sevmez olmuştu. "Güneş olmak istiyorum" dedi.

Melek onu bu kez de güneş yaptı. Güneş, ışınlarını saçıyor ve dünyada her şey yanıyordu.

Ama bir bulut geldi... Dünyayla onun arasına girdi. Güneşin ışınları artık dünyaya ulaşmıyordu. Güneş kızdı, "buluta hiçbir şey yapamıyorum. Derhal ondan daha kuvvetli olmak istiyorum" deyince melek onu bu kez bulut yaptı. Bulut, yağmura dönüştü, yağmurlar toprağa, oradan nehirlere ulaştı. Nehirlerin suyu çoğaldıkça çoğaldı. Evleri, tarlaları seller bastı. İnsanlar hayvanlar, tarlalar perişan oldu. Ama sular, kayalara hiçbir şey yapamıyordu. Bulut öfkelendi: "Bu kadar çok su nasıl olur da kayaları aşamaz?"

Ama kayalar sulardan daha güçlüydü. Bulut bağırdı, "Kaya olmak istiyorum!" Melek hemen geldi ve onu kaya yaptı. Artık güneşten ve buluttan daha güçlüydü. Aradan çok zaman geçmedi. Elinde balyozla bir adam çıkageldi ve ondan parçalar koparmaya başladı. "Bu da nesi?" dedi kaya, "ben bu adamdan zayıfım!" Sonra birden anladı kuvvetin kaynağının mutluluk olduğunu ve pişmanlıkla haykırdı, "İnsan olmak istiyorum!" Melek onun bu dileğini de yerine getirdi. Kaya insana dönüştü.

Şimdi yine kayalardan taşlar koparıyor. İşi ağır ve aylığı az; ama yaşamı seviyor ve mutlu.

BAŞARI ZENGİNLİK VE SEVGİ

~≈~

Alışverişe gitmek üzere evden çıkan bir bayan, kapısının karşısındaki kaldırımda bir bankta oturan bembeyaz sakallı, birbirinin tıpatıp aynısı üç ihtiyarı görünce şaşırdı.

Öğleye doğru bu kişilerin hala oturmakta olduklarını görünce onları yemeğe davet etti.

Üç yaşlıdan biri kadına eşinin evde olup olmadığını sordu. "Hayır," cevabını alınca da "Eşiniz evde değilse, biz de içeriye gelemeyiz," dedi.

Akşam eşi eve dönünce kadın olanları ve üzüntüsünü eşine anlattı eşi de dışarıya çıkıp bakmasını hala oturuyorlarsa akşam yemeğine çağırabileceğini söyledi. Adamların yanına onları yemeğe davet için gitti. Adamlardan biri, " Biz asla üçümüz bir eve beraber misafir olamayız. Ancak birimizi gelebiliriz.

Bak, benim adım Sevgi, bu arkadaşımın Başarı, diğerinin ise Zenginlik. Şimdi eve git ve bir karar verin. Sonra bizi çağırabilirsiniz."

Kadın durumu eşine söyledi. Derin bir tartışmaya girdiler. Adam "Zenginlik'i çağıralım, eğer zenginlik olursa başarı ve sevgi de olur "diyordu. Karısı Başarı'dan yanaydı. Çünkü başarı beraberinde zenginlik ve sevgiyi de getirirdi. Kızları ise Sevgi'nin çağırılması gerektiğini söyledi.

Sonunda Sevgi'yi çağırmaya karar verdiler. Kadın ihtiyarların yanların gitti ve"Sevgi bizimle beraber gelecek " dedi. Sevgi ayağa kalktı. Ama hemen arkasından Başarı ve Zenginlik 'de ayaklandılar.

Onlar içeri girerken kadın sordu, "Ne oldu? Hani sadece biriniz gelecekti?" Sevgi yanıtladı. "Diğer arkadaşlarımı seçseydiniz öyle olacaktı. Ama bizde kural böyledir. Başarı ve Zenginlik daima Sevgi'nin hemen arkasından gelir."

DİLENCİ VE TURGANYEV

Büyük Rus yazarı Turganyev soğuk bir akşamüstü evine doğru yola çıkmış. Yolda bir dilenci kendisinden para istemiş. Bütün ceplerinin kurcalayan Turganyev, ne yazık ki hiç para bulamamış.

Bunun üzerine kendisine uzatılan soğuk elleri kendi elleriyle ısıtarak:

"Kusura bakma kardeşim sana verecek bir şeyim yok" demiş.

Dilenci "Verdiniz ya efendim," demiş, "bana kardeşim dediniz ve ellerimi ısıttınız."

ÖTEYE BİR ŞEYLER GÖNDER

~~~

Çok zengin bir köylüydü, ama cimriliğiyle meşhurdu. Dolmuş parası vermemek için

Yürüyerek, ayakkabıları eskimesin diye de, yalın ayak kasabaya giderdi. Kahvede kolay kolay oturmaz; bir daha ki sefere o ısmarlamak zorunda kalabilir diye, kimsenin çayını içmezdi. Kimseye sadaka vermez, dilencileri yanından kovardı. Kısaca kesesi çok zengin, yüreği çok fakir bir adamdı.

O gün kasabanın pazarıydı. Çok sıcak bir gündü. Fakir bir adam onun yanına yaklaştı:

"Efendim, Allah rızası için bir sadaka, bir ayran parası, içim yanıyor," dedi. Cimri, "Git işine be miskin adam, git su iç," diye çıkıştı. Fakir dilenci, "Ama efendim sabahtan beri su içiyorum. Hep su içilmez ki. Ne olur efendim!" Zengin adam yine reddedecekti. Fakat çevredeki insanların ona güldüklerini fark edince, cebinden bir 5 lira çıkardı ve

"Bir defaya mahsus olmak üzere al bakalım," dedi.

Fakir adam hiç vakit kaybetmeden dükkâna yöneldi ve buz gibi ayranını içti. Sonra o cimri adam için ağzından dualar döküldü.

Aynı gece cimri rüyada kendisini cennette gördü. Şöyle ki geniş bir yeşillik ve her tarafta

berrak sular akıyordu. Fakat o kadar dolaştığı halde yiyecek bir şey bulamadı. Elini şaplattı. Bir melek onun yanına geldi. "Buyurun," dedi. Adam, "Ne biçim cennet burası? Hani kuş kebapları, bıldırcın etleri, çeşit çeşit yemekler, tatlılar?" Melek "Birkaç dakika bekleyin," dedi .Birkaç dakika sonra adamın önüne bir gümüş tepsi getirildi. Sonra da bir bardak ayran.

Adam şaşkın şaşkın sordu "Dalga mı geçiyorsunuz? Hani diğerleri, ben ayranla mı karın doyuracağım?" Melek sakin bir şekilde adamla konuştu:

"Efendim dünyadan sadece bunu göndermişsiniz. Başka bir şey göremedik"

Adam şaşkın, "Ne yani, burada her şey hazır değil mi? Biz her şeyi dünyadan mı gönderiyoruz?"

Diye sordu. Melek'in verdiği "Evet," cevabından sonra da uykudan uyandı.

Ertesi günden itibaren insanlar bu adamda nedenini asla anlayamayacakları değişiklikler gördüler. Yoksullara bir bardak ayranı çok gören bu adam artık onlara kebaplar söylüyordu.

Ertesi Pazar korkudan yanına bile yaklaşamayan ayran söylediği adamı yanına çağırıyor ve onu kebapçıya göndererek, ne isterse tıka basa doyuruyordu. Cimriliği meşhur olan bu adamın cömertliği hâlâ memleketi olan Kırklareli'nde anlatılmaktadır.

İYİLİK İÇİN SÖYLENEN YALAN

Tarihin büyük komutanlarından biri diğer mahkûmları kışkırtıyor gerekçesiyle, bir mahkûmu ölüme mahkum ettirdi. Mahkûm idam sehpasına giderken kendi dilinden komutana ağza alınmayacak küfürler etti. Mahkûmun ne dediğini merak eden komutan o dili bilen yaverine mahkûmun neler söylediğini sordu. Yaveri de "Ben bir hata ettim. Suçumu kabul ediyorum. Siz adaletli ve merhametli bir komutan olarak biliniyorsunuz. Fakat beni cezalandırırsanız, zalim bir komutandan farkınız ne olur" diye çevirdi. Komutan bu sözlerden hoşlandı ve mahkûmun şaşkın bakışları altında onu bağışladı.

Fakat aynı dili çok iyi bilen bir başka yaveri, diğerini gözden düşürmek için hemen atıldı.

"Yalan ve yanlış çevirdi saygıdeğer komutanım. Bu mahkûm o sözlerin hiçbirini söylemedi. Tam tersine, size ağza alınmayacak küfürler etti."

Komutan bu yaverinin sözlerinden hoşlanmayarak şöyle söyledi: *"Önceki yaverimin söylediği yalan, senin söylediğin doğrudan daha çok hoşuma gitti."*

Ve bağışlama kararından vazgeçmedi.

DOĞRULUĞUN MÜKÂFATI

～❧～

Bir zamanlar fakir bir oduncu varmış. Ormandan odun keser geçimini bu şekilde sağlarmış.

Günlerden bir gün yine bir göl kenarında yaşlı, kuru bir ağacı kesmek istemiş. Baltasını ağacın dalına asmış, sonra ağaca çıkmaya çalışmış. Güya önce geniş dallarını kesecekmiş. Fakat dala tırmanırken, baltasına dokunmuş ve baltası göle düşmüş. Göl derin, dibi bataklık ve hava da çok soğukmuş.

Çaresiz bir şekilde ağacın altında ağlamaya başlamış. Allah kendisine acımış. Kısa bir süre sonra gölün içinden bir melek çıkmış ve niçin ağladığını sormuş. Adam da durumu anlatınca, melek hemen suya dalmış ve sapı som altından bir baltayla çıkmış ve oduncuya seslenmiş:

"Baltan bu muydu?"

"Hayır," diye yanıtlamış oduncu, üzgün bir sesle.

Melek bir kez daha dalmış, bu sefer elinde gümüş bir balta varmış. Fakat oduncu o baltanın da kendisinin olmadığını söylemiş. Üçüncü kez suya dalan melek oduncunun baltasını çıkarmış.

Oduncu sevinçle baltasına kavuşmuş. Melek bir kez daha suya girmiş ve önceki altın ve gümüş baltaları çıkarmış ve oduncuya: "Bunları al ve sat; bunlar dürüstlüğüne karşı, Tanrı'nın bir armağanıdır," demiş.

Oduncu köyüne dönmüş. Bir süre sonra çok zengin olmuş. Başına gelenleri anlatınca da bunları yarım yamalak kavrayan kıskanç komşusu baltasını almış ve gölün kenarına gitmiş.

Baltasını bir dala asmış ve bilerek dokunarak gölün içerisine yuvarlamış, sonra da ağacın altına oturup ağlamaya başlamış.

Gölden çıkan melek ne olduğunu sorunca da tek geçim kaynağı olan baltasını suya düşürdüğünü söylemiş. Melek suya dalmış ve som altından bir balta çıkarmış ve oduncuya sormuş, "Herhalde baltan bu olmalı."

Som altını görüp başı dönen oduncu hemen atılmış:

"Evet, o benim baltamdır."

Bunun üzerine suratı asılan melek baltayla birlikte suya dalmış ve bir daha hiç çıkmamış.

İNSANLARIN İÇİNDEKİ
İYİLİĞİ ÖLDÜRME

↬

Bir zamanlar bir köyde bir ağa yaşıyormuş. Bir de özgürlüğüne çok düşkün cesur bir delikanlı. Bu delikanlının öyle bir atı varmış ki dillere destanmış. Bütün yarışlarda, ağanın atları dâhil bütün atları geride bırakıyormuş. Ağa sürekli olarak bu ata sahip olmak istiyormuş. Fakat delikanlı bir türlü satmaya yanaşmıyormuş. Ağa, bu atın hasretiyle günden güne eriyormuş.

Ağa'nın en zeki adamlarından birisi ağaya:

"Ağam kendini üzme, akşama o atı ağırda bil," demiş.

Delikanlının her akşam köye döndüğü yolun kenarına yüzü koyu uzanmış ve delikanlı yaklaşınca da:

"Ah... karnım... ölüyorum!"diye inlemeye başlamış.

Delikanlı atından indiği gibi adamın yanına gitmiş, onu usulca yerden kaldırarak atına bindirmiş.

Sarsılmasın diye de kendisi atın yularından iple tutarak yürümeye başlamış. Birkaç dakika sonra hilekâr adam, atın ipini yularından çözmüş ve at ile hızla uzaklaşmaya başlamış.

Atının ipleri elinde kalan delikanlı, giden atlıya bağırmış:

"Bir dakika bekle, bir şey söyleyeceğim. Sakın atı bu şekilde elde ettiğini kimseye söyleme!" Adam gülerek:

"Neden? Enayi olduğun ortaya çıkmasın diye mi?" demiş. Delikanlı üzgün bir şekilde devam etmiş:

"Hayır, onunla ilgisi yok. Fakat sen bu olayı herkese anlatırsan, bir daha hiç kimse yol kenarında rahatsızlanan ve gerçekten yardıma ihtiyacı olan insanlara durarak yardım etmez. Bu insan senin kardeşin bile olsa. Yani sen bu olayı anlatarak insanların içinde olan iyilik yapma arzusunu yok edebilirsin."

Bu sözlerden bir hayli etkilenen at hırsızı, özür dileyerek atı geri getirmiş ve:

"Asıl sen bu olaydan hiç kimseye bahsetme, ne olur," demiş.

YARGILAMAK

❦

İsa'nın hoşgörüsünden rahatsız olan zamanın yobaz din adamı olan Ferisiler, İsa'yı küçük düşürmeye çalışıyorlarmış.

Bir gün istedikleri fırsat ellerine geçmiş. Zina yapan bir kadın İsa'nın huzuruna getirilmiş ve:

"Ey İsa, Tevrat'a göre bu kadının cezası nedir?" diye sormuşlar.

Amaç İsa'yı acımasız göstererek, halkın gözünden düşürmekmiş. İsa'da:

"Siz de biliyorsunuz ki Tevrat'a göre bu kadının cezası, boynuna kadar toprağa gömülerek, taşlanmaktır," demiş. Bunun üzerine Ferisiler:

"Doğru söyledin Ey İsa! Haydi, şimdi bu cezayı uygulayalım," demişler. İsa da:

"Peki, kadını getirin, boynuna kadar toprağa gömün," demiş.

Söylenilen yapıldıktan sonra İsa seslenmiş:

"Şimdi ellerinize birer taş alın!" Herkes söyleneni yapmış. "Pekâlâ, şimdi, içinizden hiç günah işlemeyen kişi ilk taşı atsın," demiş.

Kalabalık bu soruya çok şaşırmış. Bir müddet geçtikten sonra taş atacak kimse çıkmamış.

Herkes elindeki taşı usulca yere bırakarak, arkasını dönüp uzaklaşmış. Meydanda kadın ve İsa'dan başka kimse kalmamış. İsa kadını çukurdan çıkararak, üzerindeki örtüp evine göndermiş.

KAÇIŞ YOK

B ir saf ihtiyar bir kuşluk çağı koşa koşa Süleyman'ın adalet sarayına sığındı.

Gamdan yüzü sararmış, iki dudağı morarmıştı; Süleyman:

"A efendi, ne oldu? Buyur!" dedi.

Adam:

"Azrail karşıma çıktı. Azrail bana öyle bir öfkeli, öyle bir kin güder gözle baktı ki," dedi.

Süleyman:

"Peki," dedi, "şimdi ne istiyorsun, onu söyle?"

Adam:

"A can sığınağı, rüzgâra emret de beni buradan Hindistan'a götürsün; olur ya, bu kul o yana gider de canını kurtarır."

Süleyman rüzgâra buyurdu. Yel de adamı hemen aldı, Hindistan'ın bir ucundaki bir adaya iletti adamı.

Ertesi günü divan kurulmuştu; herkes Süleyman'ın kapısına gelmişti. Süleyman Azrail'e dedi ki:

"O Müslüman'a niçin öyle baktın? Onu canından malından uzaklaştırmak için mi öyle öfkeliydin?"

Azrail dedi ki:

"Ne vakit öfkeli bakmışım ona? Yol uğrağında gördüm de şaşırdım kaldım, şaşkın şaşkın baktım görünmemem gerektiğini unutarak. Çünkü Tanrı bana onun canını bugün Hindistan'da alacaksın diye buyurdu. Oysa adam buradaydı daha dün."

DENİZ YILDIZI

∿

Bir aile sahilde dinleniyor. Deniz çok dalgalı olduğu için denize giren yok. Dalgalar deniz yıldızlarını sahile atıyor. Binlerce deniz yıldızı sahilde ölümü beklerken. Ailenin küçük çocuğu deniz yıldızlarını toplayarak, denize atmaya çalışıyor. Elbette çok sıcak altında çok yoğun bir çaba harcıyor ve terliyor. Baba oğluna sesleniyor:

"Yavrum boşuna terleme, gayretin boşuna, sahil milyonlarca deniz yıldızıyla dolu, bu işin anlamı yok!"

Çocuk, sahilden bir deniz yıldızı daha alıyor ve denize atarken babasına:

"Bak baba, onun için bir anlamı var. O yaşayacak," diyor.

NARKİSOS

～❦～

Narkisos ne kadar da yakışıklı bir delikanlıymış. Fakat genç kızların onu gördüklerinde neredeyse pencerelerinden atlamaya kalkışmaları ve diğer insanların ona söyledikleri övgü dolu sözler onu fazla etkilemiyormuş. O zaten kendine âşık biriymiş. Bu yüzden küçümsediği insanlardan uzaklaşarak, bir göl kenarında, bir kulübede yaşamaya başlamış. Her gün göle gidiyor ve gölün berrak suları içerisine bakarak kendi yansımasını izliyormuş.

Bir gün böyle hayran hayran kendini izlerken suya düşmüş ve yüzme bilmediği için boğularak ölmüş. Bütün köy:

"Dirisini doyasıya göremedik, bari ölüsünü görelim," diyerek, göle gitmişler.

Bakmışlar ki göl de şıpır şıpır ağlıyor. Göle şöyle demişler:

"Sen her gün onun güzelliğini izliyordun, sen niye ağlıyorsun?"

Göl cevap vermiş:

"Ne izlemesi? Ben onun gözlerinde kendimi izliyordum."

Bundan sonra bu gölde bir çiçek çıkmış, onun adı da Narkisos'muş. Bu bizim dilimize 'Nergis' olarak geçmiş ve bu şekilde kendini çok beğenen insanlara da 'Narsist' denmiş.

ELLİ YILLIK KİBARLIK

⤜⤛

Yaşlı bir çift, uzun yıllar sonra evliliklerinin altın yılını kutluyorlarmış. Kahvaltı yaparken kadın şöyle düşünmüş:

"Elli yıl boyunca hep kocamı düşündüm ve ekmeğin kabuklu kısmını sever diye ona verdim. Sonunda bugün, bu tadı ben tatmak istiyorum."

Ve ekmeğin kabuklu kısmına yağ sürmüş ve diğer kısmını kocasına vermiş. Kocası çok mutlu olmuş, karısının elini öpmüş ve ona:

"Sevgilim! Bana günün en büyük mutluluğunu verdin. Elli yıl boyunca ekmeğin en sevdiğim yumuşak kısmını yiyemedim. Hep çok sevdiğin için o kısmın senin olmasını istedim."

BAKIŞ AÇISI

O rta yaşlarda bir adam eşi de yanında olmak suretiyle arabasını benzinciye sürdü. Pompacı çocuk bir taraftan arabanın benzinini dolduruyor, diğer taraftan da elindeki süngerle arabanın kirli olan ön camlarını temizliyordu. Adam çocuğun yaptığı temizlikten memnun olmamıştı ve azarlayarak tekrar ön camları temizlemesini istedi. Yanındaki eşi kocasının bu anlamsız tepkisine şaşırmıştı.

Pompacı çocuk aynı titizlikle yine süngeriyle arabanın ön camlarını temizledi fakat adam yine aynı sertlikle çocuğa çıkıştı: "İşini nasıl yapıyorsun? Beceriksiz çocuk. Beceremiyorsan git, kendine başka bir iş bul."

Kadın eşine çocuğa haksızlık ettiğini söylese de adam çocuğa çıkışmaya devam etti ve çocuk üçüncü dördüncü kez aynı titizlikle arabanın camlarını temizledi. Adam her defasında daha da sinirlenerek çocuğa hakaretler yağdırıyordu. Çünkü adamın bakış açısına göre camlar hâlâ çok kirliydi. Bu sırada kadın eşinin gözlüğünü gözlerinden çıkararak, bir bezle temizledi. Gözlüğü gözüne takan adam bu defa camın pırıl pırıl parladığını gördü ve söylediklerinden dolayı utandı ve çocuktan özür diledi.

DOĞDULAR ÇEKTİLER ÖLDÜLER

Okumaya, öğrenmeye meraklı bir kral, ülkesindeki tüm bilginleri toplayarak onlardan, dünya ve insanlığın tarihini yazmalarını istedi. Bilginler hemen yola koyuldular. Aradan 10 yıl geçtikten sonra kralın huzuruna 6 katır yüklü kitapla çıktılar.

Hükümdar:

"Altı katır yükü kitabı okuyacak zamanım kalmadı. Şunu biraz kısalt," dedi.

Bilginler gittiler ve 5 yıl sonra 2 katır yüküne indirerek geldiler. Fakat kral bu arada 60 yaşını geçmiş gözleri biraz zayıflamıştı. Bilginlere:

"Ben bunu da okuyamam, gidin biraz daha kısaltın," dedi.

Bilginler 2 yıl sonra bu defa bir katır yükü kitapla geldiler. Fakat padişah:

"Zamanım çok azaldı. Onu da okuyamam, ama insanlığın tarihini de çok merak ediyorum. Lütfen gidin ve biraz daha kısaltın," dedi.

Bilginler gittiler ve bir süre sonra bir eşeğe yükledikleri bir tek cilt kitapla geri döndüler.

Fakat iyice yaşlanan kral bunu da gözüne kestiremedi ve onlara:

"Çok uğraştınız, çok yoruldunuz. Ama benim bir cilt kitabı okuyacak tahammülüm kalmadı. Fakat insanlığın tarihini de öğrenmeden ölmek istemiyorum. Biriniz bana bu kadar çalışmadan sonra ağızdan özetleyiverseniz hiç olmazsa."

Bilginlerin en bilgini hükümdarın kulağına eğildi ve:

"Doğdular, Çektiler ve Öldüler" diyerek, insanlığın bütün tarihini özetleyiverdi.

GÖZ ÇUKURU

❧❀❧

Halinden yoksul olduğu anlaşılan bir adam, bir gün deniz kenarında balık tutuyormuş. Tesadüfen oradan geçmekte olan ülkenin hükümdarı, bu gariban adamla ilgilenmiş ve ona:

"Ben buradayken oltana ne takılırsa, sana onun ağırlığı kadar altın vereceğim," demiş. Biraz sonra oltaya ortası delik bir kemik takılmış. Basit, hafif bir kemikmiş bu. Padişah balıkçıya: "Ne yapalım, şansın bu kadar, oltana büyük bir balık takılmadı," demiş. Kemikle birlikte saraya gitmişler. Kral kemiği tartarak, ağırlığınca altını bu garibana vermelerini haznedarına söylemiş.

Kemiği bir kefeye koyarak, diğer kefeye altınları koymaya başlamışlar. O da ne? Bir, iki, yirmi, elli altın koymuşlar fakat hâlâ kemik ağır geliyor, kalkmak nedir bilmiyormuş.

Artık kefeye dolup sığmadığını görünce, bunda bir sır olduğunu tahmin ederek sarayda bulunan bilge bir insanı durumu açıklaması için çağırmışlar.

Bilge insan, kemiği şöyle bir incelemiş ve:

"Bu kemik, binlerce altın bile koysanız, doymaz. Çünkü bu kemik çok aç gözlü cimri bir adamın göz kemiğidir. Ama onu ancak bir avuç toprak doyurur," demiş.

Nitekim bir avuç toprağı bir kefeye koyunca kemik yukarı kalkmış. Adama yine de kefe ağırlığınca altını hediye olarak vermişler.

EŞEĞİN GÖLGESİ KİME KALIR

Eski Yunanistan'ın büyük hatibi Demosten'in ülkeyi ilgilendiren önemli bir mesele hakkında Atinalılara hitap etmeye çalışıyor, fakat halk pek ilgilenmiyordu. Büyük hatip, bunun üzerine konusunu değiştirdi.

"Bir adam, evindeki eşyasını bir diğer köye götürmesi için eşek kiraladı. Sahibi de eşeğiyle birlikte gideceğini söyledi; eşeğin işi bitince, hayvanı geri getirecekti. Öğle üzeri, yemek için mola verildi. Güneş, yakarcasına kızdırıyordu. Eşeği kiralayan, hayvanın gölgesine uzanarak dinlenmek istedi.

Eşeğin sahibi ise, "Sen, sadece eşeği kiraladın, gölgesini değil. Eşeğin gölgesinde ben dinleneceğim," diyerek eşeği kiralayanı eşeğin gölgesinden kaldırmak istedi.

Eşeği kiralayan adam ise hayvanı her şeyiyle kiraladığını söyleyerek, hayvanın gölgesinde dinlenme hakkının kendisinin olduğunu iddia etti.

Demosten konuşmasının bu noktasında durdu ve kürsüden ayrılmak için davrandı. Fakat dinleyiciler, hep bir ağızdan, kürsüden ayrılmamasını, eşeğin gölgesinde kimin dinlendiğini söylemesini istediler.

Çağın büyük hatibi, o zaman bağırarak dedi ki:

"Siz ne aptal insanlarsınız! Sizi çok yakından ilgilendiren hayati bir mesele üzerindeki konuşmayı dinlemek istemiyor, ama eşeğin gölgesiyle ilgileniyorsunuz!"

GURUR VE İNAT

❧

Kendisine has yaşam biçimiyle tanınan düşünür Diyojen, bir gün zenginliğinden başka bir özelliği olmayan gururlu bir adam ile dar bir köprüde karşılaşmışlar. İkisinden birisinin yol vermesi gerekiyormuş. Zengin adam:

"Ben kenara çekilerek bir serseriye yol vermem," demiş.

Diyojen, kenara çekilmiş ve:

"Ben veririm," demiş.

HEDİYE

~≈~

Bir tacir vardı, bir de dudusu vardı; kafeste mahpus, güzel bir duduydu.

Tacir yolculuğa hazırlandı, Hindistan'a gidecekti.

Cömertliğinden evdeki herkese, "Sana ne getireyim, tez söyle?" diye sordu.

Her biri ondan bir dilek diledi; o iyi adam hepsine vaatlerde bulundu.

Dudusuna:

"Sen ne armağan istersin; ne dilersin ki Hindistan ülkesinden alayım da sana getireyim?" diye sordu.

Dudu:

"Orada dudular vardır," dedi, "Onları görünce halimi anlat. Filan dudu sizi özlemede; Tanrı'nın takdiriyle bizim mahpusumuzdur o. Size selam söyledi; sizden yardım diledi; bir çare, bir kurtuluş yolu bulmanızı istedi. Şunu da ilave et: Ben özlemler içinde ayrılıkla can verirken size özgürce koşuşturmak yakışır mı? Yakışır mı ki; ben, sağlam bağlarla bağlanayım, sizse kimi yeşilliklerde gezesiniz, kimi ağaçlara konasınız. Dostların vefası böyle mi olur? Ben şu hapiste kalayım siz gül bahçesinde gezip tozasınız."

Tacir Hindistan'ın ta öte ucuna varınca ovada birkaç dudu gördü.

Bineğini durdurdu, onlara seslenerek o selamı, o emanet aldığı sözleri söyledi.

O duduların içinden biri titredi, titredi, derken düştü, soluğu kesildi, öldü.

Dudunun efendisi, o haberi söylediğine pişman oldu; "Bir canlının ölümüne sebep oldum," dedi.

"Bunun belki o duducukla akrabalığı vardı; belki de bunlar iki bedendi de canları birdi. Neden yaptım bunu, neden bu haberi ilettim; çaresiz kuşu bu haberle yakıp yandırdım."

Tacir, alışverişini tamamladı; muradına ermiş bir halde döndü, memleketine geldi."

Herkese armağanını sundu.

Dudu dedi ki:

"Bu kulun armağanı nerede? Ne gördün, ne söylediysen anlat."

Tacir:

"Bırak," dedi, "hâlâ söylediğime, söyleyeceğime pişmanım; elimi çiğnemedeyim, parmaklarımı ısırmadayım. Bilgisizliğimden, ahlaksızlığımdan böyle olmayacak bir haberi, laf olsun diye neden götürdüm, ne diye söyledim, deyip duruyorum."

Dudu:

"Efendi," dedi. "Neden pişman oluyorsun; bu öfkeye, bu gama sebep nedir ki?"

Tacir:

"Senin şikâyetlerini söyledim; sana eş olan bir bölük duduya bir bir anlattım. İçlerinden bir dudu, senin derdinden bir korku aldı; ödü patladı, titredi, titredi, ölüverdi. Ne yaptım da söyledim diye pişman oldum, ama değil mi ki söyledim, son pişmanlık neye yarar!"

Dudu, o dudunun yaptığı işi duyunca titredi, düştü; kasıldı kaldı.

Tacir dudunun düştüğünü görünce yerinden fırladı; başından külahını yere attı.

Onu bu halde görünce sıçradı, kalktı; yenini yakasını yırttı:

"A güzel dudu," dedi, "A hoş sesli kuşum benim, sana ne oldu, nedir bu; neden bu hale geldin? Vah benim güzel sesli kuşuma vah; eyvah benim solukdaşıma, sırdaşıma!"

Bu feryatlardan sonra tacir duduyu kafesten çıkarıp attı; duducuk da hemen uçup yüksek bir dala kondu.

Güneş tanyerinden nasıl hemen doğuverir de yücelirse ölmüş dudu da o çeşit uçuverdi.

Tacir kuşun bu haline şaşırdı kaldı; başını yücelere kaldırdı da:

"A mübarek kuş, halini anlat da biz de bir anlayalım."

Dudu dedi ki:

"O kuş, yaptığı işle bana öğüt verdi; söz söylemeyi, neşelenmeyi bırak. A geri kalanlara da ileri gidenlere de çalgıcı kesilen, benim gibi öl de kurtul."

EŞEK GİTTİ

～≈～

Bir sufi yoldan gelip bir tekkeye misafir oldu. Eşeğini götürüp ahıra çekti. Eliyle suyunu, yemini verdi.

Tekke'de kalan diğer sufiler çok yoksul kişilerdi. Yoksulluk, az kalsın yok edici bir küfür olacaktı.

Adam Tekke'nin bir odasında dinlenirken, sufiler birleşip merkebi satmaya karar verdiler.

Zorunluluk durumunda haram helaldir. Hemencecik o eşekceğizi sattılar, yiyecek aldılar, mumlar yaktılar.

Tekke de bu gece yemek var, sema var diye bir velveledir düştü.

O konuk da uzak yoldan gelmiş, yorulmuştu. Sufilerin kendisini birer birer ağırladığını, güzel bir surette izzet ve ikramda bulunduklarını, kendisine olan meyil ve muhabbetlerini görünce:

"Bu gece eğlenmeyeyim de ne vakit eğleneyim?" dedi.

Yemek yediler, sema etmeye başladılar. Tekke tavanına kadar toza, dumana boğuldu.

Bir taraftan mutfaktan çıkan duman, bir taraftan o ayak vurmadan çıkan toz, bir taraftan sufilerin iştiyak ve kendinden geçişle canlarıyla oynamaları ortalığı birbirine katmıştı.

Gâh el çırparak ayak vuruyorlar, gâh secde ederek yeri süpürüyorlardı.

Sema baştan sona doğru yaklaşınca çalgıcı bir Yörük semai usulünce şarkıya başladı:

"Eşek gitti, eşek gitti!" demeye koyuldu. Bu hararetli tempoya hepsi uyup, sabaha kadar el çırparak:

"Ey oğul, eşek gitti, eşek gitti!" dediler.

O konuk olan sufi de onları taklit ederek, "Eşek gitti!" diye bağırmaya başlamıştı.

Sonra sabah olunca hepsi vedalaşıp gitti.

Tekke boşaldı, o sufi yalnız kaldı. Eşyasının tozunu silkmeye başladı.

Nesi var nesi yoksa odadan dışarı çıkardı. Eşeğe yükleyip yola çıkmaya niyetlendi.

Ahıra gitti, fakat eşeği bulamadı.

"Hizmetçi suya götürmüştür. Çünkü dün gece az su içmişti," dedi.

Hizmetçi gelince sufi:

"Eşek nerede?" dedi.

Hizmetçi:

"Sakalını yokla!" diye cevap verdi, kavga başladı.

Sufi:

"Ben eşeği sana vermiştim. Sana emanet ettiğim eşeği getir. Peygamber dedi ki; 'Elinle aldığını geri vermek gerekir.' Terbiyesizlik eder de buna razı olmazsan mahkeme şuracıkta, kalk gidelim," dedi.

Hizmetçi:

"Sufilerin hepsi hücum etti, ben mağlup oldum, yarı canlı bir halde düştüm. Sen bir ciğer parçasını kedilerin arasına atıyorsun, sonra da onu aramaya kalkışıyorsun. Yüz açın önüne bir parçacık ekmek atıyor, yüz köpeğin arasına zavallı bir kediyi bırakıyorsun!" dedi.

Sufi:

"Niçin gelip de, 'Ey garip, böyle bir korkunç zulme uğradın,' diye haber vermedin?" dedi.

Hizmetçi:

"Vallahi kaç kere geldim, sana bu işleri anlatmak istedim. Fakat sen de 'Oğul, eşek gitti!' deyip onlarla birlikte tempo tutuyordun. Hatta bu sözleri hepsinden daha zevkli söylemekteydin. Ben de

'O da biliyor, bu işe razı, arif bir adam,' deyip geri döndüm," dedi.

Sufi:

"Onların hepsi hoş hoş söylüyorlardı, ben de onların sözünden zevke geldim. Onları taklit ettim. Bu taklit beni rezil etti. O taklide iki yüz kere lanet olsun."

DERVİŞ KAŞIKLARI

~≫~

Bir gün sormuşlar ermişlerden birine; "Sevginin sadece sözünü edenlerle, onu ya-şayanlar arasında ne fark vardır?" "Bakın göstere-yim" demiş ermiş. Önce sevgiyi dilden gönüle in-dirememiş olanları çağırarak onlara bir sofra ha-zırlamış. Hepsi oturmuşlar yerlerine. Derken ta-baklar içinde sıcak çorbalar gelmiş ve arkasından da derviş kaşıkları denilen bir metre boyunda ka-şıklar.

Ermiş; "Bu kaşıkların ucundan tutup öyle yi-yeceksiniz" diye bir de şart koymuş. "Peki" de-mişler ve içmeye teşebbüs etmişler. Fakat o da ne? Kaşıklar uzun geldiğinden bir türlü döküp saçma-dan götüremiyorlar ağızlarına. En sonunda bak-mışlar beceremiyorlar, öylece aç kalmışlar sofra-dan.

Bunun üzerine, "Şimdi..." demiş ermiş, "Sevgiyi gerçekten bilenleri çağıralım yemeğe." Yüzleri ay-dınlık, gözleri sevgi ile gülümseyen, ışıklı insanlar

79

gelmiş oturmuş sofraya bu defa. "Buyrun" deyince her biri uzun boylu kaşığını çorbaya daldırıp, sonra karşısındaki kardeşine uzatarak içmişler çorbalarını. Böylece her biri diğerini doyurmuş ve şükrederek kalkmışlar sofradan.

"İşte" demiş ermiş, "Kim ki hayat sofrasında yalnız kendini görür ve doymayı düşünürse o aç kalacaktır. Ve kim kardeşini düşünür de doyurursa o da kardeşi tarafından doyurulacaktır. Şüphesiz şunu da unutmayın. Hayat pazarında alan değil, veren kazançlıdır her zaman..."

İÇİMİZDEKİ SIR

～❧～

Bir Kızılderili masalında denir ki; kâinatın yaratılışı tamamlanmış, sıra insana gelmişti. Yaratıcı, insanı yaratmadan önce bütün varlıklara seslendi:

"İnsanlar hazır oluncaya kadar onlardan bir sırrı saklamak istiyorum. Bu sır onların mutluluğudur. Sizce bu sırrı nereye saklayayım?"

Kartal söz aldı:

"Bana ver, Allah'ım; onu aya götüreyim."

Yaratıcı, "Hayır!" dedi, "Bir gün gelir, oraya da giderler ve onu kolayca bulabilirler."

Yunus balığı, "Onu okyanusların derinliklerine gömeyim, Allah'ım," diye teklif etti. Yaratıcı, "Orada da rahatlıkla bulabilirler," dedi.

Aslan ormanın derinliklerini, koyunlar ıssız meraları önerdi; ama Allah, hiçbirinin önerisini kabul etmedi.

En sonunda köstebeğin önerisi geldi:

"Allah'ım bu sırrı insanların içine koy," dedi. Bu yüzdendir ki; her kim mutluluğu başka yerlerde ararsa, her zaman mutsuz olmaktadır.

ÜÇLÜ FİLTRE TESTİ

~

Eski Yunan'da, Sokrates bilgiyi saklaması sebebiyle saygıdeğer bir ün yapmıştı... Bir gün bir tanıdık büyük filozofa rastladı ve dedi ki:

"Arkadaşınla ilgili ne duyduğumu biliyor musun?"

"Bir dakika bekle," diye cevap verdi Sokrates. "Bana bir şey söylemeden evvel senin küçük bir testten geçmeni istiyorum... Buna üçlü filtre testi deniyor."

"Üçlü filtre?"

"Doğru," diye devam etti Sokrates... "Benimle arkadaşım hakkında konuşmaya başlamadan önce, bir süre durup ne söyleyeceğini filtre etmek, iyi bir fikir olabilir. Buna 3 filtre testi dememin sebebi;

Birinci filtre, 'Gerçek Filtresi'

Bana birazdan söyleyeceğin şeyin tam anlamıyla gerçek olduğundan emin misin?"

"Hayır," dedi adam. "Aslında bunu sadece duydum ve..."

"Tamam," dedi Sokrates. "Öyleyse sen bunun gerçekten doğru olup olmadığını bilmiyorsun.

Şimdi ikinci filtreyi deneyelim. 'İyilik Filtresi'ni'

Arkadaşım hakkında bana söylemek üzere olduğun şey iyi bir şey mi?"

"Hayır, tam tersi..."

"Öyleyse," diye devam etti Sokrates.

"Onun hakkında bana kötü bir şey söylemek istiyorsun ve bunun doğru olduğundan emin değilsin. Fakat yine de testi geçebilirsin; çünkü geriye bir filtre daha kaldı. 'İşe Yararlılık Filtresi'.

Bana arkadaşım hakkında söyleyeceğin şey, benim işime yarar mı?"

"Hayır, gerçekten değil."

"İyi," diye tamamladı Sokrates. "Eğer, bana söyleyeceğin şey doğru değilse, iyi değilse ve yarar, faydalı değilse bana niye söyleyesin ki?"

Bu Sokrates'in iyi bir filozof olmasının ve büyük itibar, saygı görmesinin sebebiydi.

KUM VE KAYA ÜSTÜNE YAZILANLAR

B ir zamanlar iki arkadaş çölde yolculuk yapıyorlardı. Yolun bir yerinde aralarında tartışma çıktı ve arkadaşlardan birisi diğerinin yüzüne bir tokat attı. Tokat yiyen arkadaşın canı yanmış, kalbi kırılmıştı; ama hiçbir şey demedi, sadece eğilip kuma şunları yazdı:

"Bugün en iyi arkadaşım yüzüme bir tokat attı."

Yürümeye devam ettiler. Gece olduğunda, yaktıkları ateşin yanında yemeklerini paylaştılar ve sonra da uyudular. Ertesi sabah yollarına devam ettiler. Fakat suları bitmek üzereydi. Neyse ki, sonunda bir vahaya ulaştılar. Doya doya su içtiler, mataralarını doldurdular. Sonra suda yıkanmaya karar verdiler. Tokat yemiş olan arkadaş, suyun balçıklı kısmına takıldı. Kendi başına kurtulamadığı gibi, gitgide batıyordu. Ama arkadaşı hemen atılıp onu kurtardı. Suda boğulmanın eşiğinden kurtulan arkadaş, biraz ötedeki bir kayanın yanına gitti ve kayanın üzerine şu yazıyı kazıdı:

"Bugün en iyi arkadaşım hayatımı kurtardı."

Bir önceki gün en iyi arkadaşını tokatlamış, bugün ise onun hayatını kurtarmış olan arkadaşı sordu:

"Senin canını yaktıktan sonra, kumun üstüne yazmıştın, şimdi ise bir kayanın üstüne yazıyorsun, neden?"

Diğer arkadaşı ona şu cevabı verdi:

"Birisi bizi incittiğinde, bunu kumun üstüne yazmalıyız, ta ki affedicilik rüzgârları onu kolayca silebilsin. Fakat birisi bize iyilik yaptığında onu kayanın üstüne nakşetmeliyiz ki; ne öfke, ne intikam rüzgârları onu oradan hiç silemesin."

EKSİKLİK

Japonya'da bir çocuk 10 yaşlarındayken bir trafik kazasi geçirmiş ve sol kolunu kaybetmiş.

Oysa çocuğun büyük bir ideali varmış. Büyüyünce iyi bir judo ustası olmak istiyormuş.

Sol kolunu kaybetmekle birlikte, bu hayali de yıkılan çocuğunun büyük bir depresyona girdiğini gören babası, Japonya'nin ünlü bir Judo ustasına gidip yapilacak bir şeyin olup olmadığını sormuş..

Hoca: Getir çocuğu ..bir bakalim, demiş.

Ertesi gün baba-oğul varmışlar hocanın yanına.. Hoca çocuğu süzmüs ve: Tamam demiş.. Yarın eşyalarını getir, Çalışmalara basliyoruz.

Ertesi gün çocuk geldiğinde hocası ona bir hareket göstermiş ve "bu hareketi çalış" demiş.

Çocuk bir hafta aynı hareketi çalısmış.. Sonra hocasının yanına gitmiş. Bu hareketi ögrendim baska hareket göstermeyecek misiniz?" diye sormuş.

Hocanın cevabı: - Çalışmaya devam et olmuş...

2 ay,3 ay,6 ay derken çocuk okuldaki bir yılını doldurmuş.. Çocuk bu bir yıl boyunca hep o aynı hareketi tekrarlamış.

Hocanın yanına tekrar gitmiş: Hocam bir yıldır aynı hareketi yapıyorum bana baska hareket göstermeyecek misiniz?

- Sen aynı hareketi çalış oglum. Zamanı gelince yeni harekete geçeriz..

2 yıl ,3 yıl, 5 yıl derken çocuk judodaki 10. yılını doldurmuş.

Bir gün hocası yanına gelip. ..."Hazir ol ! " demiş.. "Seni büyük turnuvaya yazdırdım. Yarın maça çıkacaksın!"..

Delikanlı şok olmuş.. Hem sol kolu yok hem de judo da bildigi tek hareket var.

Ünlü judocuların katıldığı turnuvada hiçbir şansının olmayacağını düşünmüş; ama hocasına saygısından ses çıkarmamış.

Turnuvanın ilk günü delikanlı ilk müsabakasına çıkmış. Rakibine bildiği tek hareketi yapmış ve kazanmis. Derken.. ikinci ,üçüncü maç....çeyrek, yari final ve final...

Finalde Delikanlının karşısına ülkenin son on yılın yenilmeyen şampiyonu çıkmış. ....

Tam bir üstat, delikanlı dayanamayıp hocasının yanına koşmuş.. "Hocam hasbelkader buraya kadar geldik ama rakibime bir bakın hele.. Bende ise bir kol eksik ve bildiğim tek bir hareket var.. Bu kadar bana yeter.. Bari çıkıp da rezil olmayayım izin verin turnuvadan çekileyim.."

- Olmaz demiş hocası. Kendine güven, çık dövüş. Yenilirsen de namusunla yenil.

Çaresiz çıkmış müsabakaya. Maç başlamış. Delikanlı yine bildiği o tek hareketi yapmış ve tak.! Yenmiş rakibini şampiyon olmuş. Kupayı aldıktan sonra hocasının yanına koşmuş:

-Hocam nasıl oldu bu iş? Benim bir kolum yok ve bildiğim tek bir hareket var.

Nasıl oldu da ben kazandım ?

-Bak oğlum 10 yıldır o hareketi çalışıyordun. O kadar çok çalıştın ki, artık yeryüzünde o hareketi senden daha iyi yapan hiç kimse yok.

Bu bir,

İkincisi de o hareketin tek bir karşı hareketi vardır. Onun için de rakibinin senin sol kolundan tutması gerekir.!

Bunu anlatan kişi bir de şunu ekledi:

"İnsanlarin eksiklikleri bazen, aynı zamanda en güçlü tarafları olabilir: Ama yeter ki bu eksiklik kafalarında olmasin..!!"

KAVAK AĞACI İLE KABAK

~%~

"**U**lu bir kavak ağacının yanında bir kabak filizi boy göstermiş. Bahar ilerledikçe bitki kavak ağacına sarılarak yükselmeye başlamış.

Yağmurların ve güneşin etkisiyle müthiş hızla büyümüş ve neredeyse kavak ağacıyla aynı boya ulaşmış.

Bir gün dayanamayıp sormuş kavağa:

"Sen kaç ayda bu hale geldin, ağaç?"

"On yılda," demiş kavak.

"On yılda mı?" diye gülmüş ve çiçeklerini sallamış kabak.

"Ben neredeyse iki ayda seninle aynı hizaya geldim bak!"

"Doğru," demiş ağaç, "Doğru!"

Günler günleri kovalamış ve sonbaharın ilk rüzgarları başladığında kabak önce üşümeye sonra yapraklarını düşürmeye, soğukları arttıkça da aşağıya doğru inmeye başlamış. Sormuş endişeyle kavağa:

"Neler oluyor bana, ağaç?"

"Ölüyorsun," demiş kavak

"Niçin?"

"Benim on yılda geldiğim yere, iki ayda gelmeye çalıştığın için."

ÇIĞLIK

～❦～

Yolcular uçağın yanında otobüsten inmiş-
ler.. Bavullarını gösteriyorlar. Bir bakmış-
lar uçak şirketinin minibüsü yanlarında dur-
muş. İçinden kaptan pilotla, yardımcı pilot inmiş-
ler... Yolcular fena halde şaşırmışlar.. Nasıl şaşır-
masınlar.. Kaptan pilotun elinde bir beyaz baston.
Kolunda üç noktalı bant.. Yardımcı pilotun elin-
de bir köpek tasması.. Tasmanin ucunda bir kö-
pek.. Sağa sola çarparak öylece ilerliyorlar uçağa..
Günlerden 1 Nisan değil ama, "Şaka herhalde" de-
miş yolcular, doluşmuşlar uçağa..Uçak pistte hız-
la ilerlemeye başlamış. Yolcuların gözleri cam-
da. Uçak hızlanmış.. Yolcular endişelenmeye baş-
lamışlar.. Ucak daha hızlanmış. Pistin sonu hız-
la yaklaşmaya başlamış.. Uçak iyice hızlanmış..
Bazı yolcular paniklemiş, dua etmeye başlamış-
lar. Uçak son hıza ulaşmış. Bu arada pistin sonuna
da ulaşılmış. 100metre sonra betonun bitip çimle-
rin başladığını gören yolcular dehşet içinde çığlığı

basmışlar..Tam o anda da kaptan pilot levyeyi sonuna kadar çekmiş...Uçak tam pist biterken tekerleklerini yerden kesmiş, havalanmış. Kaptan pilot arkasına yaslanmışderin bir nefes almış ve yardımcı pilota dönmüş:

Biliyor musun? Bir gün çığlık atmakta gecikecekler ve hep birlikte geberip gideceğiz!..."

Dünyada nice kör yöneticiler var.. Çığlık atmaktan vazgeçmeyin...

AYNADAKİ AKSİMİZ

～≈～

O yıl New York´ ta kış, Nisan´ın sonuna kadar uzamıştı. Kör olduğum ve yalnız yaşadığım için çoğunlukla evde kalmayı yeğledim.

Sonunda bir gün soğuk hava gitti, bahar kendini gösterdi. Hava coşkulu bir kokuyla dolmuştu. Arka bahçeye bakan pencerenin önünde küçük, neşeli bir kuş devamlı cıvıldıyor, sanki beni dışarıya çağırıyordu.

Nisan ayının değişken havasını bildiğimden kışlık mantoma sarıldım. Fakat havanın ılıklığını içimde hissedince, yün kaşkolumu, şapka ve eldivenlerimi bıraktım. Üç çatallı bastonumu alıp neşeyle sundurmaya çıktım ve kaldırımın yolunu tuttum.

Yüzümü güneşe doğru kaldırıp, onu selamlayan bir gülümseme sundum.

Sessiz çıkmaz sokağımızda yürürken kapı komşum ´Merhaba´ diyerek seslendi ve gideceğim yere götürmeyi teklif etti:

"Hayır, teşekkür ederim. Şu bacaklar bütün kış dinlendi. Eklemlerimin harekete ihtiyacı var. Bu yüzden yürüyeceğim," diye cevap verdim.

Köşeye vardığımda alışkanlıkla durdum. Birinin gelip yeşil ışık yandığında beni karşıya geçirmesini bekledim. Nedense bu sefer, öncekilere göre daha uzun süre beklemiştim ve hâlâ hiç kimse teklifte bulunmamıştı.

Sabırla beklerken, eskiden hatırladığım bir melodiyi mırıldandım; çocukken öğrendiğim 'Hoş geldin bahar...' şarkısıydı.

Birden güçlü bir erkek sesi konuştu: "Sesinizden çok neşeli bir insan olduğunuzu hissettim. Sizinle caddeyi birlikte geçme şerefini bağışlar mısınız bana?"

Kibarlıkla iltifat görünce gülerek başımı salladım ve duyulabilir bir sesle, "Evet," dedim.

Kibarca koluma girdi ve birlikte kaldırımdan yola indik. Yavaşça yolun karşısına geçerken, konuşulabilecek en iyi konudan, havadan konuştuk.

Adımlarımızı birlikte atarken hangimiz rehber, hangimiz yardım alıyor, belli olmuyordu. Yolun karşısına varmamıza az kala ışığın değiştiğini anlatırcasına kornalar sabırsızca çalınmaya başladı. Kaldırıma çıkmak için birkaç çabuk adım daha attık.

Ona dönüp, bana eşlik ettiği için teşekkür etmek üzere ağzımı açmıştım ki, ben daha bir şey söylemeden o konuştu: "Bilmem farkında mısınız? Sizin gibi neşeli bir insanla karşıya geçmek benim gibi bir kör için ne kadar muhteşem bir şey..."

O bahar gününü hiç unutmayacağım.

Bazen evrende kendimizi en yalnız hissettiğimizde, sıkıntımızı atlatmak ve farklılığımızı ve yalnızlığımızı hafifletmek için Tanrı bize, aynadaki aksimiz gibi bir ikiz gönderir.'

SEVGİ

B ir keresinde bana çok yakin bir arkadaşım olmuştu!

Bir yüzme havuzunun kenarında otururken avuçlarından birisini biraz su ile doldurdu ve bana uzatıp sunu söyledi:

"Elimde tuttuğum bu suyu görüyor musun? Bu 'sevgi'yi sembolize ediyor. Ben bunu şöyle görüyorum: Elini özenle açık tutar ve suyun(yani sevginin) orada kalmasına izin verirsen, her zaman orada kalacak. Ancak, parmaklarını kapamaya kalkar ve sahip olmaya çalışırsan bulduğu ilk aralıktan akacak.

İnsanların sevgi ile karşılaştıklarında yaptıkları en büyük hata bu! Buna sahip olmaya çalışırlar, talep ederler, beklerler! Ve aynen elinizi kapadığınızda elinizden dökülen su gibi sevgi, ask da sizden kaçar. Çünkü sevgi özgür olmalıdır, onun doğasını değiştiremezsiniz. Eğer sevdiğiniz insanlar varsa, onların özgür birer varlık olmalarına izin verin.

Verin ama beklentiye girmeyin.

Tavsiyede bulunun ama emretmeyin.

Verir misin deyin ama hiçbir zaman talep etmeyin.

Kulağa kolay gelebilir ama bu, gerçekten anlayabilmek için bir omur isteyebilecek bir derstir. Bu, gerçek sevginin sırrıdır. Gerçekten öğrenmek için sevdiklerinizden içtenlikle bir şey beklememeli ama onlara koşulsuzca özen göstermelisiniz."

Hayat aldığımız nefes sayısı ile değil, nefesimizi kesen anlarla ölçülür!

Yaşayın!

İKİ ESNAF

Bir zamanlar iki komşu şekerci vardı. Her ikisinin de kazançları çok iyiydi. Bunlardan birisi her akşam dükkânını kapadıktan sonra kazancı için şükrederken diğeri her akşam dükkânını kapadıktan sonra, kapısının önüne çıkıyor, gökyüzüne bakarak, elleriyle dizlerini dövüp," Ahh... Bugün yine kaybettim."diye hayıflanıyordu.

Komşusu onun bu hayıflanmasından rahatsız oluyordu."Acaba hesabı mı şaşırıyor, çok veresiye mi var, Yoksa aç gözlü müdür?" diye düşünüyordu.

Ertesi günü komşusu biraz daha kazansın diye müşterilerinin bir kısmını, "Benim dükkânımda kalmadı, komşuda vardır," diyerek onun dükkânına göndererek tepkisini ölçmek istedi.

Akşam olunca yine ellerini dizlerine vurup, "Ah... Yine kaybettim..." dedi komşusu.

Bunun üzerine dayanamayarak sordu beriki:

"Nedir Allah aşkına bu kadar kaybın?"

Komşusu gülümseyerek cevap verdi:

"Ben para veya mal kaybettim diye üzülmüyorum; yine akşam oldu ve ömrümden bir gün daha geçti diye hayıflanıyorum."

VASİYET

~⃝~

Köyün en zenginiydi. Kısa bir süre önce dünyadaki en değerli varlığı eşini kaybetmişti. Çoluk çocuğu olmadığı için servetini ne yapacağını herkes merak ediyordu. Eşinin acısına artık dayanamıyor, kendi ecelinin de yaklaştığını hissediyordu.

Sonunda servetini kime bırakacağını vasiyet etti. Bu şimdiye kadar görülmemiş, çok garip bir vasiyetti. Öldükten sonra mezarında kendisiyle birlikte yatacak olan kişiye servetini bırakacaktı.

Hiç kimse böyle bir şekilde servete konmak istemiyordu. Ölü birisiyle mezarlıkta bir akşam yatmak kolay değildi.

Adam öldükten sonra bir hamal ortaya çıktı ve adamla birlikte mezar çukurunda bir gece kalmayı kabul etti. 'Ne olursa olsun her karanlık ve korkunç bir gecenin aydınlık ve berrak bir sabahı vardır,' diye düşünmüştü.

Bu adam köyün en fakiriydi. Hiç toprağı yoktu. Geçimini sırtındaki küfe ve iple karşılıyordu. Onun için ha fakir olarak yaşamışsın ha da ölmüşsün ne fark ederdi?

O akşam ölünün yanında yattı. Gece yarısına doğru iki melek ölünün üzerinde göründüler ve konuşmaya başladılar:

"Bu ölünün hesabını nasıl olsa sonra da görürüz. Şimdi şu diri olan kula birtakım sorular soralım bakalım; onu bir hesaba çekelim."

Zavallı adamın ödü patladı. Melekler adamı sorgulamaya başladılar.

"Küfeyi hangi parayla aldın?"

"Küfeyi satın aldığın para helal miydi?"

"Küfeyi satan kişiyi araştırdın mı? Belki de çaldığı bir küfeydi."

"İpi nereden aldın? Kaç paraya aldın? İpin parasını hangi yollardan kazandın."

Bu şekilde sabaha kadar sorgulandı. Adam neredeyse korkudan ölecekti.

Sabahleyin mezarlığa gelen köylüler, adamın yaşadığını gördüler ve onu cesaretinden dolayı kutlayarak, zengin olduğu müjdesini verdiler; ancak adam serveti reddederek şöyle söyledi:

"İstemem, ben basit bir küfeyle ipin hesabını sabaha kadar ancak verebildim. O kadar servetin hesabını asla veremem."

BAKIŞINI DEĞİŞTİRMEK

Bir zamanlar, bir delikanlı bir bilgeye talebe olmak istedi.

"Bana talebe olmak zordur," dedi bilge. "Korkarım, sen bunu başaramazsın."

Ama genç kararlıydı. Kendisinden ne isterse yapmaya hazır olduğunu söyledi. Bilge de ona manevi yoldaki ilk vazifesini verdi:

"Bir yıl boyunca, kim seni kızdırmaya çalışırsa ona bir lira vereceksin."

Genç denileni yaptı ve tam bir yıl boyunca kendisini öfkelendirmeye çalışan insanlara para verdi. Bir yılın sonunda genç, bilgeye geldi ve bundan sonraki vazifesine hazır olduğunu bildirdi:

"Önce şehre git ve bana biraz yiyecek al," dedi bilge.

Genç yanından ayrılır ayrılmaz, bilge dilenci kıyafetine bürünüp sadece kendisinin bildiği kısa bir yoldan gençten önce şehre ulaştı. Gencin geçeceği yola oturdu ve onu bekledi. Tam genç yanından geçerken, dilenci görünümündeki bilge ona hakaret etmeye başladı. Başkalarının duyacağı kadar yüksek sesle onun ne kadar aptal göründüğünü söyledi. Ama gençte hiçbir öfke işareti yoktu. Tam aksine:

"Ne kadar harika!" diye karşılık verdi genç, sakin bir şekilde. "Tam bir yıl bana hakaret eden herkese para ödemek zorunda kaldım, şimdi tek kuruş ödemek zorunda değilim."

Bunun üzerine üzerindeki dilenci kıyafetini çıkaran ve yüzünü gösteren bilge gence şöyle dedi:

"Başkalarının ne dediğine aldırış etmemeyi başaran bir kişi bilgelik yoluna adım atmış demektir. Eminim ki, sen bundan böyle hakaretlere aldırış etmeyeceksin ve doğru bildiğin yoldan asla şaşmayacaksın."

AYAKKABI

～

Bir bilge bir gün tam trene biniyordu ki, ayakkabılarından birisi ayağından çıktı ve yere düştü. Aşağıya inip alması imkansızdı; Çünkü tren çoktan harekete geçmişti. Yanındaki arkadaşları ne yapacağını merak ediyorlardı.

O gayet sakin bir biçimde, diğer ayağındaki ayakkabıyı çıkardı ve az önce düşürdüğü ayakkabıya yakın bir yere fırlattı.

Talebelerinden birisi dayanamayıp sordu: "Neden böyle yaptınız?" gülümseyen bilgenin cevabı gayet basit ama hakikat yüklüydü:

"Demiryolunun üzerinde ayakkabının tekini fakir birisi bulursa diğer tekini de bulup giyebilsin diye..."

SEVGİLİNİN CEVABI

ᠳᢁᡃ

Bir gün bir âşık sevgilisinin kapısına gidip kapıyı çalınca sevgili içerden seslendi

"Kapıyı kim çalıyor, kim o?"

Âşık cevap verdi:

"Ey yüce sevgili! Kapına gelen benim, ben zavallı sadık kölen," dedi.

Sevgili kızarak bağırdı.

"Çekil git kapımdan, sen daha olgunlaşmamışsın; bu sofrada hamlara yer yok. Bu ev küçük, iki kişi sığmaz," dedi.

Zavallı adam çaresiz oradan ayrıldı. Tam bir yıl o sevgilinin ayrılığıyla yanıp dolaştı, kavrulup pişti.

Bir yıl sonra sevgilinin kapısına geldi, kapıyı çaldı. Sevgili içerden seslendi.

"Kimdir o, kim kapımı çalıyor?"

Çaresiz âşık perişan bir halde cevap verdi:

"Ey cana can katan sevgili! Ey bir bakışıyla binlerce aşığı perişan eden, gönlümü alan sensin!" dedi.

Sevgili seslendi:

"Madem ki sen bensin ey ben gel içeriye."

Gönül evi dardır oraya iki kişi sığmaz.

"KİŞİ GÜZELLİKLE YAŞLANMAZSA, UTANÇLA YAŞLANIR."

≈≈≈

Jean Paul Sartre'ın kendi yaşlanışıyla yüz yüze kalışı hakkında gülünç ama acıklı bir öykü vardır.

Sartre flörtçü ve çapkın biri olarak tanınırdı. Gençliği boyunca tam bir zampara hayatı yaşadı. Çok sayıdaki yazıları dâhil tüm etkinlikleri, kadınlara olan ilgisinden sonra gelirdi. Kendisine yapılan konferans tekliflerini değerlendirirken, dinleyici kitlesini entelektüel açıdan cazip bulup bulmadığı ya da ücretin yeterince yüksek olup olmadığı esasına göre değil, dinleyicilerin büyük çoğunluğunu kadınların oluşturup oluşturmayacağı; daha önemlisi, konferans programının konuşma öncesinde ve sonrasında kadınların arasına karışmasını ve muhtemelen birkaçını baştan çıkarmasını mümkün kılacak biçimde organize edilip edilmediği esasına göre karar verirdi. Fiziksel açıdan çekici bir adam olmasa da, çoğu kadın onun baştan çıkarışlarına kayıtsız kalamazdı. Kadın tavlamaktan asla vazgeçmedi. İstediği son kadın tarafından da sevilene dek, kendini sevimsiz hissederdi. Dolayısıyla kadın peşinde koşma alışkanlığı kronik bir hal almıştı. Her defasında kaygılı bir bekleyiş içine girer, sonrasında da sonuç ne olursa olsun depresyona sürüklenirdi. Yaşlandıkça, arzulanma takıntısı daha da şiddetlendi.

Bir gün Paris'te, kalabalık bir otobüse binerken, ön tarafta oturan genç bir kadın gördü. Dirsekleriyle kalabalığı yararak ona doğru ilerledi. Gözleri genç kadının gözleriyle buluşunca bir an için cesarete gelip, ona yanaşmaya niyetlenen başka yolcularla yarıştı. Nihayet kadının yanına vardığında, genç kadın, "Buyurun, amca!" diyerek kalktı ve yerini ona verip oradan uzaklaştı.

VADİNİN EN ZENGİN İNSANI

~❧~

Bir zamanlar uzak ülkelerden birisinde, verimli toprakların bulunduğu bir vadide Şeka adında kibirli bir adam yaşardı. Uçsuz bucaksız topraklarında at sırtında gezip sahip olduklarıyla gururlanmayı seven, çok cimri bir adamdı bu. Bir gün yine atıyla gezerken Salih adında ortakçı bir köylüyle karşılaştı. Salih, büyük bir söğüt ağacının gölgesinde öğle yemeğini bitirdi, elleri havada dua ediyordu. Şeka yanına kadar geldiyse de Salih onu görmedi. Sonunda kafasını kaldırdı ve:

"Özür dilerim, efendim. Geldiğinizi fark etmedim," dedi. "Verdiği nimetler için Rabbime şükrediyordum da..."

"Ha, ha!" diye homurdandı Şeka, Salih'in sofrasındaki yenmemiş yarım ekmeği ve zeytinleri görünce.

"Bunlar benim yemeğim olsaydı, şükür filan etmezdim!"

"Benim karnımı doyurmaya yettiler ama," diye cevapladı Salih tevazuyla.

Sonra biraz çekinerek:

"Sizinle bugün karşılaşmamız ilginç oldu. Dün akşam garip bir rüya gördüm de."

Kibirli adam, merakla rüyasını sordu ona.

"Her taraf güzel çiçeklerle ve huzurla doluydu. Ama 'Bu gece vadinin en zengin adamı ölecek!' diye bir ses duydum."

"Rüyalar!" diye tersledi Şeka. "Anlamsız şeylerdir onlar!"

Sonra da atını dörtnala sürüp gözden kayboldu.

"Bu gece ölmek ha!" diye kendi kendine söylendi yolda.

"Vadinin en zengini elbette ki benim. Ama saçma sapan bir şey bu. Telaşlanmaya gerek yok." En iyi şeyin, yaşlı köylünün rüyasını unutmak olduğuna karar verdi. Böylece, kendisini daha iyi hissetti.

Ama içine kurt düşmüştü bir kere. Belki de sağlığı o kadar da yerinde değildi. Bu düşünceyle, köyün doktorunu çağırdı. Evine gelen doktora Salih'in rüyasında vadinin en zengin adamının öleceği haberini aldığını anlattı.

"Bana anlamsız geldi," diye fikrini açıkladı doktor. "Ama içiniz rahat olsun diye sizi tepeden aşağı iyice bir muayene edeceğim."

Gerekli tetkiklerden sonra yüzündeki kocaman gülümsemeyle:

"At gibi sağlam ve sağlıklısınız!" diye müjde verdi Şeka'ya. "Bu gece ölmeniz imkânsız!"

Doktor tam çantasını toplayıp evden ayrılmaya hazırlanıyordu ki, kapıya bir haberci geldi nefes nefese:

"Doktor, doktor!" diye feryat etti adam:

"Çabuk benimle gelin! Salih! Bizim yaşlı, iyi kalpli, cömert Salih! Sanırım uykusunda öldü."

YOLUN AÇIK OLSUN

Budist rahipler, artık yetiştiğini düşündükleri bir öğrencilerini, yola çıkmadan önce çağırdılar. Başrahip öğrenciye tek bir soru sordu: "20 yıldır buradasın, neler öğrendin?"

"Yedi gerçek öğrendim" dedi öğrenci.

"Say" dedi başrahip, birincisi...

"Dostluklar ikiye ayrılır, kalıcı dostluklar ve geçici dostluklar. Hayatta bir zorluk ortaya çıktığı anda bozulan dostluklar daha çoktur, kalıcı dostluklar çok azdır..."

" İkincisi..."

"İnsanların çoğunluğu kalplerini ve beyinlerini geçici değerlere ayırmışlar. Bu değerler uğruna kendi gerçek niteliklerinden taviz vermekten, kötü şeyler yapmaktan çekinmiyorlar..."

"Üçüncüsü..."

"İnsanlar, amaçlarına ulaşmak için birbirlerini ezmekten çekinmiyorlar. Oysa başkasına kötülük yaparak elde edilen her şeyin geldiği gibi ellerinden gideceğini anlamıyorlar."

"Dördüncüsü..."

"İnsanlar gerçekte tek bir anlamı, önemi olup olmadığını hiç düşünmedikleri, fakat değerli ve anlamlı saydıkları şeyler yüzünden birbirlerine zarar veriyorlar. Bu şekilde hayatı birbirlerine zehir etmeye alışmışlar."

"Beşincisi..."

"Herkes yanlışın nedenini, başarısızlığın nedenini başkalarında arıyor. Kimse, başına ne geldiyse aslında kendi yüzünden geldiğini anlamıyor, kendi suçunu, yanlışını kabul edip düzeltmiyor."

"Altıncısı..."

"İnsanlar helal lokmanın ve bölüşmenin değerini bilmiyor. En lezzetli lokmanın helal lokma olduğunu unutuyorlar. Vicdanları ve mideleri arasında kaldıkları zaman midelerini tercih ediyorlar."

" Yedincisi..."

"İnsanlar, bir şeye dayanmadan yaşama gücünü bulamıyorlar. Bu yüzden çoğu zaman anlamsız şeylere sarılıyor, güveniyorlar. Asıl sarılmaları ve güvenmeleri gereken, belki de tek duygunun *sevgi* olduğunu anlamamakta ısrar ediyorlar."

"Güle güle" dedi başrahip; "*artık yola çıkabilirsin, yolun açık olsun...*"

KIRMIZI KARANFİL

John Blanchard oturduğu yerden doğruldu. Üniformasına çeki düzen verdi. Büyük istasyonda yolcuları bekleyen kalabalığı süzdü. Kalbini çok iyi tanıdığı, ancak yüzünü hiç görmediği kırmızı karanfilli kızı aradı gözleriyle. Kıza duyduğu ilgi yaklaşık 13 ay önce Florida'da bir kütüphanede başlamıştı. Raflardan ilgisini çeken bir kitap almıştı. Kitap daha önce bir başkası tarafından okunmuş, sayfa kenarlarına kurşun kalemle notlar düşülmüştü. John bu notların ardında asil bir ruhun, derin bir aklın olduğunu fark etmişti.

Hemen kütüphane görevlisine gitmiş ve kitabı daha önce alan kişinin kim olduğunu öğrenmişti. Holiss Maynel adında bir kadındı. Holiss'in adresini almıştı. Eve varır varmaz bir mektup yazmıştı.

"Bugün kütüphanede bir kitap okudum. Aldığınız notlar karşısında hayranlık duyduğumu bilmenizi isterim. Sayenizde kitabı daha iyi anladığım gibi, düşüncelerinizle de tanışma fırsatı buldum. On gün sonra asker olarak Kore'ye gidiyordum. Tanımak ve mektuplaşmak isterdim. Cevabınızı sabırsızlıkla bekleyeceğim."

Çok geçmeden Holiss'den de sıcak bir cevap gelmişti. John ikinci mektubunu Kore'den yazmıştı. Savaş günleri sürdükçe mektuplar gidip gelmişti. Her yeni mektupta birbirlerinden biraz daha etkilenmişler, kalplerini birbirlerine biraz daha açmışlardı. John'un terhis zamanı gelmiş, Amerika'ya dönmeye hazırlanıyordu. Kore'den yazdığı son mektupta Holiss'e kendisini görmek istediğini söylemişti.

"Seni tanıyabilmem için bana bir resmini gönder lütfen," diye bir not düştü mektuba. Holiss buluşmayı kabul etmiş, fakat resmini göndermemişti.

"Resmin ne önemi var ki?" demişti mektubunda. "Bizi ilgilendiren kalplerimiz değil mi?" Yine de küçük bir not eklemişti mektuba:

"Seni karşıladığım gün yakamda kırmızı bir karanfil olacak! Böylece beni kolayca tanıyacaksın."

Günler birbirini kovalamış ve John ülkeye dönmüştü. Şimdi trenden iniyordu. Gözleri kırmızı karanfilli kadını ararken hiç ummadığı bir şey oldu. Genç, güzel, uzun boylu bir kadın kalabalığın içinden kendisine doğru yürümeye başladı. Sarı saçları omzunu süslüyor, mavi gözleri bir okyanus gibi derin derin kendisini süzüyordu. Üzerindeki mavi elbiseyle kararlı bir edayla John'a yaklaşıyordu. John da ona doğru yürümeye başladı. Ancak son anda yakasında kırmızı karanfil olmadığını fark etti. İyice yaklaştığında sıcak bir tebessümle seslendi John'a:

"Seninle tanışabilir miyiz, denizci?"

Tam o sırada güzel kadının omzunun üzerinden yakasında kırmızı karanfil olan kadını gördü. Kısa boylu, şişman sayılacak bir kiloda, gri kısa saçlı, tozlu uzun pardösü ve kalın bilekleriyle öylece duruyordu. John şaşkındı. Az önce hayatında gördüğü en reddedilmez kadından bir tanışma teklifi almıştı. Ancak karşısında kalbine âşık olduğu kadın duruyordu. Tereddüdü kısa sürdü. Kendini toparladı ve yanındaki dünyalar güzeline aldırmadan ilerledi.

Elinde Holiss'le birbirlerini tanımalarını sağlayan kitap vardı. Kitabı biraz daha sıkıca kavrayıp kırmızı karanfilli kadına yaklaştı:

"Merhaba, Holiss!" dedi, gözlerinin içi gülerek.

"Pardon," dedi kadın, yüzünde halden anlayan bir tebessümle, "Ben Holiss değilim. Az önce buradan geçen sarı saçlı, mavi elbiseli genç hanım benden yakama bu karanfili takmamı rica etti. Bana da Holiss diye hitap eden biri olursa, kendisini istasyonun çıkışındaki pastanede beklediğini söylememi istedi. Ne demek istediğini anlamadım, ama giderken kulağıma 'Bu bir sınav!' diye fısıldadı."

DUYGU ADASI

Bir zamanlar, bütün duygular bir adada yaşarmış. Mutluluk, Üzüntü, Sabır, Öfke, Korku, Kibir, Bilgelik, Sevgi...her türlü duygu bu adada olduğu için bu adaya 'Duygu Adası' deniliyormuş.

Ada sakini duygular, günün birinde, tesbit edemedikleri bir yerden, adanın bir kaç gün içinde batacağı yönünde ısrarlı anonslar duymuşlar. İlk anda bunun büyük bir şaka olduğunu düşünmüş bazıları, ama anonslar devam ettikçe, durumun ciddi olduğunu düşünerek, birer ikişer adadan ayrılmaya başlamışlar.

Hemen her duygunun kendine ait bir kayığı yahut gemisi ya da yatı olduğundan, adadan ayrılmak nispeten kolay olmuş onlar için. Ama Sevgi'nin küçücük bir sandalı bile yokmuş. O yüzden, kendisini alacak birini buluncaya kadar, mecburen adada kalmış.

Duyguların büyük kısmının adadan ayrıldığı günlerden birinde, ada, anonsta söylendiği gibi yavaş yavaş batmaya başlamış. Bunun üzerine, Sevgi, yüksekçe bir kayaya çıkıp yardım istemeye başlamış adadan henüz ayrılan diğer duygulardan.

İlk önce, Zenginliği görmüş büyük ve güzel bir yatın içinde. El edip, yüksek sesle bağırmış:

- Zenginlik beni de alır mısın?

Yatın her tarafına yığdığı eşyaları gösteren Zenginlik:

- Hayır alamam. Demiş

- Görüyorsun, altın, gümüş, zümrüt derken yat doldu. Senin için yer kalmadı.

Zenginlikten vefa görmeyen Sevgi, biraz daha geride, büyücek bir yelkenli görmüş. Dikkatlice baktığında anlamış ki bu yelkenli Kibir'in:

- Kibir, Kibir!... Benim sandalım bile yok, ada da batıyor, yardım et lütfen!

- "Sana yardım edemem." demiş Kibir.

- Biraz pejmürde gözüküyorsun; yelkenlimin fiyakasını bozacaksın.

Bu cevap karşısında çok üzülen sevgi, bir kayığa binip kürek çeker vaziyette, Üzüntü'yü farketmiş o sırada. Üzüntü, kayaya çok yakın bir yerdeymiş. Sevgi bu kez ondan yardım istemeye karar vermiş:- Üzüntü, seninle gelebilir miyim?

- Ah sevgili sevgiciğim! demiş üzüntü.

- Yalnız gitmeye karar vermiş olduğum için o kadar üzgünüm ki!

Bu cevap üzerine üzüntüsü daha da artan Sevgi, yüzünü adanın öbür tarafına doğru çevirdiğinde, bir mavnanın üzerinde neşeyle zıplayan birini görmüş. Mutlulukmuş bu. Sevgi ona da seslenmiş; ama Mutluluk o kadar mutluymuş ki, Sevginin ona seslendiğinin farkına bile varmamış.

Çaresiz biçimde mutluluğa seslenmeye devam eden Sevgi, ansızın, bir ses duymuş yakınında:

- "Buraya gel Sevgi! Seni ben götüreyim."

Sevgi çok sevinmiş ve koşar adım sahile koşup içinden yaşlıca bir adamın kendisine seslendiği kayığa atlamış. Kayıkla fazlaca bir yer itmeden de, adanın büsbütün sulara gömüldüğünü görmüşler.

Sevgi, bu kadar duygu çağırdığı halde onu almazken kendisini kayığına çağıran bu saçı başı ağarmış duyguya teşekkür etmiş defalarca. Ama, Duygu Adasında o güne kadar hiç görmediği bu yaşlıya adını bile sormayı unuttuğunu, ancak karaya varıp da vedalaşmalarından sonra farketmiş.

Sonra da, günlerden bir gün geldikleri bu yeni kara parçasında Bilgeliğe rast gelince, ismini bile sormadığı bu kadirşinas yaşlıyı tarif edip ismini sormuş kendisine.

- "O Tecrübeden başkası olamaz." diye cevap vermiş Bilgelik.

- "Tecrübe mi? peki niye yalnız o ban yardım etti?"

- "Çünkü." demiş Bilgelik,

- "Sevginin gerçek değerini ancak tecrübe kavrayabilir."

PENCEREDEN GÖRÜLENLER

❧

B ir hastanede ölümü bekleyen hastaların koğuşu, koğuşta bir oda, odada iki yatak, iki hasta. Birisi pencerenin önünde, öteki duvar dibinde. Yaşamlarının şu son döneminde pencere kenarındaki, sabahtan akşama pencereden bakıp, tüm gördüklerini duvar dibinde hiçbir şey görmeyen arkadaşına aktarır.

"Bugün deniz dünden daha durgun. Rüzgâr hafif olmalı. Beyaz yelkenliler belli belirsiz ilerliyor... Park mı? Park henüz tenha. Salıncakların ikisi dolu, ikisi boş," ya da "Geçen haftaki sevgililer yine geldiler. El eleler, bir sıraya oturdular. Hep erkek anlatıyor kız dinliyor. Şimdi erkek kızın saçlarını okşuyor... Ne kadar da güzeller."

"Erguvanlar bugün çıldırmış, öyle bir çiçek açtı ki; etraf mordan geçilmiyor. Erikler desen gelinden farksız..."

"Eyvah miniklerden biri düştü. Annesi yetişti, bağrına basıyor çocuğu.

Neyse çocuk sustu.

Gülüyor şimdi."

"Öğrenciler mi? Onlar yine kitaplarına dalmışlar... dur bakayım haa... simitçi geldi. İki simit alıp, beşe paylaştırıp yiyorlar. Şimdi de çocuklara katıldılar uçurtma uçurtmaya... Uçurtma yükseliyor yükseliyor"...

"Hayır, yelkenliler henüz görünmedi ama martıların keyfi yerinde. Baloncu da erkenci. Mavi, mor, yeşil, kırmızı, turuncu kocaman balonları var..."

Her gün böyle sürüp giderken, her gördüğünü anlatırken ansızın, müthiş bir kriz geçirir pencere yanındaki... Duvar dibindeki düğmeye bassa, doktor çağırabilir. Ve belki de yanındaki arkadaşını kurtarabilir. Ama... ama... arkadaşı ölürse, pencere kenarı boşalacaktır. Ve duvar dibindeki düğmeye basmaz, doktor çağırmaz. Arkadaşı ölür. Ertesi sabah duvar dibindekinin yatağını pencerenin yanına taşırlar. Beklediği an gelmiştir. Yattığı yerden pencereden dışarı bakar. Pencerenin dibinde kapkara duvardan başka hiçbir şey yoktur!..

Hayata bakarken ne gördüğümüz değil, neyi görmek istediğimiz önemlidir. Mevsimler geçer günler akıp giderken, son baharda dökülen sararmış yapraklara bakarak gelecek baharı hayal eden ve o havayı içine çekip yaşayan insan mutluluğu bilendir...

İMKÂNSIZI GERÇEKLEŞTİRMEK

Konfüçyüs, bir gün elinde bir cam kavanoz, öbür elinde irice, kırmızı bir elmayla sınıfa girdi. Girer girmez sağ elini havaya kaldırarak sordu: "Bu elimde gördüğünüz şey nedir?"

"Kavanoooz!..." diye koro halinde cevap verdi öğrenciler.

Konfüçyüs diğer elini havaya kaldırdı: "Peki bu nedir?"

"Elmaaa…"

Ellerini indirdi. Kavanozu kürsünün önüne koydu. Elindeki elmayı içine attı. Gülümseyerek sınıfa döndü, "Kavanozdan çıkarmayı başaran elmayı yer." Çocuklardan biri kalktı. "Ben çıkarabilirim."

"Gel çıkar bakalım" dedi Konfüçyüs. Elini kavanoza rahatça soktu, elmayı kolayca avuçladı. Ama bir türlü elmayı dışarı çekemedi. Elma ile birlikte eli kavanozun ağzına sığmıyordu. Fakat çocuk elmayı da bırakmak istemiyordu. Konfüçyüs'e yalvarırcasına baktı: "Hocam elimi kurtaramıyorum."

"Elmayı bırak" dedi Konfüçyüs.

"Ama elma yemek istiyorum"

Bütün sınıfla birlikte Konfüçyüs de bir kahkaha attı: "İki şeye aynı anda her zaman kavuşamayabilirsin, oğlum. Tercih yapmak zorunda kalabilirsin."

Çocuk düşünüyor, formül arıyor, ama bulamıyordu. Ya eli kavanozda kalacak ki o takdirde zaten elmaya kavuşamayacaktı, ya da elmadan vazgeçip elini kurtaracaktı. İki şıkta da elmayı yeme zevkinden mahrum kalıyordu. Mecburen elmadan vazgeçti elini kurtardı.

Konfüçyüs sınıfa dikkatle baktı, "Peki bu elmayı kavanozdan ben çıkarabilir miyim?"

"Hayır!..." diye bağırdı tüm sınıf, "İmkânsıız..."

Ve Konfüçyüs imkânsızı başardı. Herkesin gözünün önünde avucunu açtı. Kavanozu ters çevirdi, elma yuvarlanarak eline düştü. Bu sonucu gören herkes çok şaşırmıştı. Bu kadar basit bir yöntem neden kendi akıllarına gelmemişti? Konfüçyüs ise herkesin aksine son derece ciddi görünüyordu.

"Çocuklar" dedi. "Aslında bu göründüğü kadar basit bir şey değil".

"Ama çok basit" diye cevap verdi çocuklardan biri, "Kavanozu ters çevirince elma avucuna düşüyor."

"Görünene aldanma evlat" derken konuşan çocuğa döndü Konfüçyüs. Elma tutan elini havaya kaldırdı, herkese gösterdi: "Gerektiği zaman bir şeyi bırakabilmek, gerçekten basit bir iş değil".

Bırakmanız gereken şey bazen bir elma olabilir.

Bırakmanız gereken şey bazen bir makam olabilir.

Bırakmanız gereken şey bazen bir maaş olabilir.

Bırakmanız gereken şey bazen bir unvan olabilir.

Bırakmanız gereken şey bazen bir rütbe olabilir.

Bırakmanız gereken şey bazen iktidar olabilir.

BU DA GEÇER

～❧～

Dervişin biri, uzun ve yorucu bir yolculuktan sonra bir köye ulaşır. Karşısına çıkanlara, kendisine yardım edecek, yemek ve yatak verecek biri olup olmadığını sorar.

Köylüler, kendilerinin de fakir olduklarını, evlerinin küçük olduğunu söyler ve Şakir diye birinin çiftliğini tarif edip, oraya gitmesini salık verirler. Derviş yola koyulur, birkaç köylüye daha rastlar. Onların anlattıklarından, Şakir'in bölgenin en zengin kişilerinden biri olduğunu anlar. Bölgedeki ikinci zengin ise Haddad adında bir başka çiftlik sahibidir.

Derviş, Şakir'in çiftliğine varır. Çok iyi karşılanır, iyi misafir edilir, yer, içer, dinlenir. Şakir de ailesi de hem misafirperver hem gönlü geniş insanlardır... Yola koyulma zamanı gelip, derviş Şakir'e teşekkür ederken, "Böyle zengin olduğun için hep şükret," der.

Şakir ise söyle cevap verir: "Hiçbir şey olduğu gibi kalmaz. Bazen görünen, gerçeğin kendisi değildir. Bu da geçer..."

Derviş, Şakir'in çiftliğinden ayrıldıktan sonra, bu söz üzerine uzun uzun düşünür. Birkaç yıl sonra, dervişin yolu yine aynı bölgeye düşer. Şakir'i hatırlar, bir uğramaya karar verir. Yolda rastladığı köylülerle sohbet ederken Şakir'den söz eder. "Haa, o Şakir mi?" der köylüler, "O iyice fakirledi; şimdi Haddad'ın yanında çalışıyor."

Derviş hemen Haddad'ın çiftliğine gider, Şakir'i bulur. Eski dostu yaşlanmıştır, üzerinde eski püskü giysiler vardır. Üç yıl önceki bir sel felâketinde bütün sığırları telef olmuş, evi yıkılmıştır. Topraklan da işlenemez hale geldiği için tek çare olarak, selden hiç zarar görmemiş ve biraz daha zenginleşmiş olan Haddad'ın yanında çalışmak kalmıştır. Şakir ve ailesi üç yıldır Haddad'ın hizmetkârıdır. Şakir bu kez dervişi son derece mütevazı olan evinde misafir eder. Kıt kanaat yemeğini onunla paylaşır... Derviş vedalaşırken Şakir'e olup bitenlerden ötürü ne kadar üzgün olduğunu söyler ve Şakir den şu cevabı alır: "Üzülme... Unutma, bu da geçer..."

Derviş gezmeye devam eder ve yedi yıl sonra yolu yine o bölgeye düşer. Şaşkınlık içinde olan biteni öğrenir. Haddad birkaç yıl önce ölmüş, ailesi olmadığı için de bütün varını yoğunu en sadık hizmetkârı ve eski dostu Şakir'e bırakmıştır. Şakir Haddad'ın konağında oturmaktadır, kocaman arazileri ve binlerce hayvanı ile yine yörenin en zengin insanıdır. Derviş eski dostunu iyi gördüğü için ne kadar sevindiğini söyler ve yine aynı cevabı alır: "Bu da geçer..."

Bir zaman sonra derviş yine Şakir'i arar. Ona bir tepeyi işaret ederler. Tepede Şakir'in mezarı vardır ve taşında şu yazılıdır: "Bu da geçer." Derviş, 'Ölümün nesi geçecek,' diye düşünür ve gider. Ertesi yıl Şakir'in mezarını ziyaret etmek için geri döner, ama ortada ne tepe vardır ne de mezar. Büyük bir sel gelmiş, tepeyi önüne katmış, Şakir'den geriye bir iz dahi kalmamıştır...

O aralar ülkenin sultanı, kendisi için çok değişik bir yüzük yapılmasını ister. Öyle bir yüzük ki, mutsuz olduğunda umudunu tazelesin, mutlu olduğunda ise kendisini mutluluğun tembelliğine kaptırmaması gerektiğini hatırlatsın... Hiç kimse sultanı tatmin edecek böyle bir yüzüğü yapamaz. Sultanın adamları da bilge dervişi bulup, yardım isterler. Derviş, sultanın kuyumcusuna hitaben bir mektup yazıp verir. Kısa bir süre sonra yüzük sultana sunulur. Sultan önce bir şey anlamaz; çünkü son derece sade bir yüzüktür bu. Sonra üzerindeki yazıya gözü takılır, biraz düşünür ve yüzüne büyük bir mutluluk ışığı yayılır: "Bu da geçer..." yazmaktadır.

BİRİ YARDIM EDECEKTİR

~~~

İstanbul Sarıyer'de babadan kalma mütevazı bir terzi dükkânına sahipti. Konfeksiyon imalatının gelişmesi nedeniyle işleri eskisi gibi iyi gitmiyordu. Eş dost ve birkaç yeni müşteri dışında fazla bir müşterisi yoktu. Kıt kanaat geçiniyordu. Allah'tan dükkânı kendisine aitti ve bundan dolayı kira bedeli ödemiyordu.

Günlerden bir gün dükkânın yandığı haberi ile fırladı yatağından. Son zamanlardaki geçim sıkıntısı iyice dalgın yapmıştı kendisini. Akşam dükkânı kapatırken ütüyü fişte unutmuş ve yangın çıkarak ahşap dükkânını ve içindeki bütün eşyaları kül etmişti.

Dükkânındaki kumaşları daha yeni borca girerek almıştı. Dünyası yıkıldı. Ne yapacağını şaşırdı. O zamana kadar zor günler için biriktirdiği ne kadar sermayesi varsa, hepsini de borcunu ödemek için harcadı. Borçlarını bitirmişti, ancak dükkânı yanıp kül olmuştu. Evde çocuklar ekmek bekliyorlardı. Çalmadığı kapı kalmadı. Ama kriz dönemiydi ve kimsenin kimseyi görecek zamanı yoktu.

Evde duramıyordu. Bir ilkbahar sabahı Sarıyer'de sahilde bir parka oturdu. Elinde simit, gözleri yaşlı düşünüp duruyordu.

Bu sırada zengin bir işadamı, ortağına ait limuzin marka bir otomobille Levent'teki işyerine doğru gidiyordu. Sarıyer yakınlarında bir konuda ortağı ile münakaşaya tutuştular. Arkadaşını daha fazla kırmamak için arabadan inmek istedi.

"Ben burada parkta biraz sakin bir hava alayım, bu konuyu daha sonra görüşürüz. Şoförüm beni buradan alır," diyerek arabadan indi.

Sahil kenarındaki parka doğru yol alırken, parkta bulunacak kimsesiz ve dilenciler için cebinde bozuk para olup olmadığına baktı. Cebinden sigarasını çıkarıp yaktıktan sonra özel şoförünü arayarak 15 dakika sonra kendisini Sarıyer'deki parktan almasını tembihledi.

Parkta bir banka doğru ilerlerken orta yaşlı bir adamın sürekli olarak giysisine bakarak kendisini süzdüğünü fark etti. Adamı yanına çağırarak eğer paltosun hoşuna gittiyse kendisine verebileceğini söyledi. İyilik yaparak kendisini daha iyi hissetmek istiyordu.

Kendisini süzen terzi müsaade alarak yanına oturdu. Paltosunu istemediğini ancak paltonun iyi dikilmediğini fark ettiğini bu yüzden baktığını söyledi. Adam da:

"Nasıl olur? Benim bütün giysilerimi İstanbul'un en ünlü terzileri diker," diye cevap verdi.

İşsiz terzi de:

"Efendim, üzerinize oturmamış, bu yüzden sizi biraz kilolu gösteriyor. Sonra omuzlarına bakarsanız sağ omuz sol omuza göre daha geniş dikilmiş, ayrıca paltonun yenleri de gereğinden fazla bol," diye cevap vermiş.

Üzerindeki paltoyu yeniden inceleyen zengin adam da:

"Haklısın galiba, bizim hanım da 'Bey, bu paltoda bir gariplik var!' demişti de kadıncağızı azarlamıştım. İyi de bütün bu kadar ayrıntıyı nasıl bilebiliyorsun?"

"Ben terziyim, efendim."

Sonra başını öne eğdi, "Terziydim demek istemiştim," diyerek sözlerini tamamladı.

Zengin adam iyiden iyiye ilgilenmişti terziyle, bu şekilde kendi sıkıntısını da atmıştı.

İşsiz terzi, olanları anlattıktan sonra zengin adam kendisinin tekstil fabrikaları olduğunu ve eğer çalışmak isterse Gültepe'de bulunan fabrikasında çalışabileceğini söyleyerek kartını sundu terziye. Bir süre sonra da şoförünün gelmesiyle oradan ayrıldı. Şimdi kendisini daha iyi hissediyordu.

İşsiz terzi aldığı bu iş teklifine çok sevindi. Bu haberi ailesiyle paylaşmak üzere evine döndü. Ailece çok sevindiler ve dualarını kabul ettiği için Allah'a şükrettiler.

Ertesi günü işe başlayan terzi düzenli olarak çalışmaya başladı. İşini çok iyi yapıyor, çok sıkı çalışıyordu. Patronu da çalıştığı arkadaşları da ondan çok memnundular. Fakat kalabalık çalışma ortamına alışmamış terzi baş ağrısı çekmeye başladı. O dükkânındaki samimi, sakin sohbet ortamını özlemişti.

İyi kalpli patronunun karşısına çıkarak eski dükkânın bulunduğu yere yeni bir dükkân yapabilmesi için yardımını istedi. Bu şekilde patronuyla ortak çalışacak ve borcunu ödeyecekti.

İyi kalpli patronu onu anlıyordu ve gözlerindeki enerjiyi fark ediyordu. Ona borç olarak bir miktar sermaye verdi ve bundan sonra kendi giysilerini onun dikmesini istedi.

En güzel takım elbiseleri, paltoları patronu ve ailesi için dikti. Gittiği toplantılarda yeni terzisinin kim olduğunu soranlara yerini tarif etti. Bir süre sonra dükkânını daha merkezi bir yere taşıyan çalışkan terzi patronuna olan borçlarını ödediği gibi güzel bir ev satın aldı ailesine.

Şimdi bu terzi İstanbul'un en seçkin terzilerinden biri olarak yaşıyor. Senede birkaç takım elbise, bir sürü palto ve diğer giyim eşyalarını yoksullara dağıtıyor.

HUZUR

~ও~

Bir gün bilge bir kral, huzuru en güzel resme-decek sanatçıya büyük bir ödül vereceğini ilan etti. Yarışmaya çok sanatçı katıldı. Günlerce çalıştılar, birbirinden güzel resimler yaptılar. Sonunda, eserlerini saraya teslim ettiler. Tablolara bakan kral sadece ikisinden gerçekten çok hoşlandı. Ama birinciyi seçmek için karar vermesi gerekiyordu.

Resimlerden birisinde, sükûnetli bir göl vardı. Göl bir ayna gibi etrafında yükselen dağların huzurlu görüntüsünü yansıtıyordu. Üst tarafta pamuk beyazı bulutlar gökyüzünü süslüyordu. Resme kim baktıysa, onun mükemmel bir huzur resmi olduğunu düşünüyordu. Diğer resimde dağlar vardı. Ama engebeli ve çıplak dağlar. Üst tarafta öfkeli gökyüzünden yağmur boşalıyor ve şimşek çakıyordu. Dağın eteklerinde ise köpüklü bir şelale çağıldıyordu. Kısacası, resim hiç de huzur dolu görünmüyordu.

Fakat kral resme bakınca, şelalenin ardında kayalıklardaki bir çatlaktan çıkan minnacık bir çalılık gördü. Çalılığın üzerinde ise anne bir kuşun ördüğü bir kuş yuvası görünüyordu. Sertçe akan suyun orta yerinde anne kuş yuvasını kuruyor... harika bir huzur ve sükun.

Peki ödülü kim kazandı dersiniz?

Kral ikinci resmi seçti. 'Çünkü' dedi. 'huzur hiçbir gürültünün sıkıntının ya da zorluğun bulunmadığı yer demek değildir. Huzur, bütün bunların içinde bile yüreğinizin sükun bulabilmesidir. Huzurun gerçek anlamı budur'

DAĞCILAR

❦

Himalayalar'ın zirvesine tırmanan iki dağcı kamp yerlerine varabilmek için aşırı gayret gösteriyorlardı. Çünkü çok soğuk bir hava vardı. Bu yüzden de donma tehlikesi taşıyorlardı.

Tam bu sırada karların içine gömülmüş başka bir dağcı gördüler. Dağcılardan biri diğerine seslendi:

"Haydi ona yardım edip, birlikte kamp yerine taşıyalım."

Diğeri bu öneriye karşı çıktı:

"Böyle bir şey bizim hayatımız açısından çok tehlikeli olur; yaşayıp yaşamadığı belli olmayan bir adamı kurtarmak için kendi hayatımızı tehlikeye atamayız. İlk yardım da bile basit bir kural vardır; kendi yaşamını tehlikeye atmayacaksın."

Arkadaşının bu sözlerine katılmayan yardımsever dağcı, hemen vakit geçirmeden yerde karlar içinde yatan adama doğru yöneldi. Güçlü ve kuvvetli birisi olduğu için karlar içindeki daha zayıf bünyeli dağcıyı kaldırıp taşımaya başladı. Bu arada diğer arkadaşı çoktan kamp yerine doğru yola çıkmıştı.

Karlara saplanan dağcı kendisini taşıyan dağcının harcadığı enerji sayesinde ısınarak kendine gelmeye başladı. Onu taşıyan dağcı da aşırı bir çaba gösterdiği için kendisini donmaktan korudu.

Bu arada kamp yerine varmak üzereyken yerde yüzüstü karlara saplanmış birisini gördüler. Bu adam az önce kendilerini yalnız bırakarak yola çıkan arkadaşından başkası değildi. Soğuğa dayanamayan dağcı kamp yerine ulaşamadan ölmüştü.

KORKMA, DAL DERİNLERE

❦

İki komşu ülkenin hükümdarları birbirleriyle savaşmazlar, ama her fırsatta birbirlerini rahatsız ederlerdi. Doğum günleri, bayramlarda ilginç armağanlar göndererek, karşısındakine zekâ gösterisi yapma fırsatlarıydı.

Hükümdarlardan biri, günün birinde ülkesinin en önemli heykeltıraşını huzuruna çağırdı. İstediği, birer karış yüksekliğinde, altından, birbirinin tıpatıp aynısı üç insan heykeli yapmasıydı. Aralarında bir fark olacak ama bu farkı sadece ikisi bilecekti. Heykeller hazırlandı ve doğum gününde komşu ülke hükümdarına gönderildi. Heykellerin yanına bir de mektup konmuştu. Şöyle diyordu heykelleri yaptıran hükümdar: "Doğum gününü bu üç altın heykelle kutluyorum. Bu üç heykel birbirinin tıpatıp aynısı gibi görünebilir ama içlerinden biri diğer ikisinden çok daha değerlidir. O heykeli bulunca bana haber ver."

Hediyeyi alan hükümdar önce heykelleri tarttırdı. Üç atın heykel gramına kadar eşitti. Ülkesinde sanattan anlayan ne kadar insan varsa çağırttı. Hepsi de heykelleri büyük bir dikkatle incelediler ama aralarında bir fark göremediler. Günler geçti. Bütün ülke hükümdarın sıkıntısını duymuştu ve kimse çözüm bulamıyordu. Sonunda, hükümdarın fazla isyankâr olduğu için zindana attırdığı bir genç haber gönderdi. Heykeller arasındaki farkı çözebileceğini, yeter ki incelemesine izin verilmesini istedi. İyi okumuş, akıllı ve zeki olan bu genç, hükümdarın bazı isteklerine karşı çıktığı için zindana atılmıştı. Başka çaresi olmayan hükümdar bu genci çağırttı.

Genç önce heykelleri sıkı sıkıya inceledi, sonra çok ince bir tel getirilmesini istedi. Teli birinci heykelin kulağından soktu, tel heykelin ağzından çıktı. İkinci heykele de aynı işlemi yaptı. Tel bu kez diğer kulaktan çıktı. Üçüncü heykelde tel kulaktan girdi ama bir yerden dışarı çıkmadı. Ancak telin sığabileceği bir kanal kalp hizasına kadar iniyor, oradan öteye gitmiyordu.

"Yüce kralım, bu bilmecenin cevabının açık bir kitap gibi karşınızda durduğunu düşünüyorum. Bizim sadece bu kitabı okumaya çalışmamız gerekiyor. Gördüğünüz gibi, her insanın birbirinden farklı olması gibi, bu üç heykel de farklı. Birinci heykel, bize hemen dışarı fırlayıp duyduklarını söyleyen insanları hatırlatıyor. İkinci heykel, söylenenler bir kulağından girip, diğerinden çıkanlara benziyor. Üçüncü heykel ise duyduklarını kendine saklayan ve ona göre davranan kimseler gibi. Hükümdarım, bu özellikleri göz önünde bulundurarak heykellerin değerine karar verebilirsiniz. Hangisini sırdaş olarak istersiniz? Hiçbir şeyi kendine saklayamayanı mı? Sözlerinize sabun köpüğü kadar değer vermeyeni mi? Yoksa sözlerinizi güvenilir biçimde saklayanı mı?"

HER ŞEY SANA BAĞLI

~≈~

Bir adam, bir kartal yumurtasını bulur ve yumurtayı tavuk kümesinin içine koyar. Yavru kartal, kümesteki diğer civcivlerle birlikte yumurtadan çıkar ve onlarla birlikte büyür. Kümesteki diğer civcivler gibi o da böcek ve solucan bulabilmek için toprağı eşelemeyi ve gıdaklamayı öğrenir. Ve her tavuk gibi kanatlarını açtığında yerden sadece birkaç metre kadar havalanabilmektedir.

Yıllar geçer ve kartal artık iyice yaşlanır. Günlerden bir gün masmavi gökyüzünde o güne kadar hiç görmediği kadar büyük bir kuş görür. Dev kuş, altına benzeyen ve çok kuvvetli olduğu belli olan kanatlarının küçük hareketleriyle gökyüzünde kolaylıkla süzülebilmektedir.

Yaşlı kartal gökteki kuşu bir süre şaşkınlıkla izler ve "Bu da kim?" diye sorar yanındaki arkadaşına:

"O göklerin kralıdır ve gökyüzüne aittir, biz tavuklarsa yeryüzüne," diye yanıtlar arkadaşı. Yaşlı kartal bir süre daha tepesinde süzülen hemcinsini hayranlıkla izler.

Ve bir tavuk olduğunu düşündüğü için de tavuk olarak ölür.

SEDEF ÇİÇEĞİ

~&~

Mahkeme salonunda, seksenlerindeki yaşlı çiftin durumu içler acısıydı. Adam inatçı bakışlarla suskun, Nine'nin ağlamaktan iyice çukurlaşmış gözleri ve keskin çizgileriyle bıkkın bakışları süzüyordu etrafını... Ve hâkimin tokmak sesiyle sustu uğultu ve tok sesiyle, sözü yaşlı kadına verdi, hâkim...

"Anlat teyze neden boşanmak istiyorsun?"

Yaşlı kadın derin bir nefes çektikten sonra başörtüsüyle ağzını aralayıp, kısılmış sesiyle konuşmaya başladı...

"Bu herif yetti gari, 50 yıldır bezdirdi hayattan... boşanmak istiyorum"

Sonra uzunca bir sessizlik hâkim oldu mahkeme salonunda... Sessizlik bu tür haberleri her gün manşet yapan gazetecilerden birinin flaşıyla bozuldu, kim bilir nasıl bir manşet atacaklardı, yaşanmış 50 yılın ardından...

Çok sayıda gazeteci izliyordu davayı, kadın neler diyecekti... Herkes onu dinliyordu... Yaşlı kadının gözleri doldu... Ve devam etti...

"Bizim bir sedef çiçeği vardı, çok sevdiğim... O bilmez... 50 yıl önceydi... O çiçeği bana verdiği çiçeklerin arasından kopardığım bir yaprağı tohumlamıştım, öyle büyüttüm... Yavrumuz olmadı, onları yavrum bildim... Bir süre sonra çiçek kurumaya başladı. O zaman adak adadım... Her gece güneş açmadan önce bir tas suyla sulayacağım onu diye... İyi gelirmiş dedilerdi... 50 yıl oldu, bu herif bir gece kalkıp bir kere de bu çiçeği ben sulayayım demedi... Ta ki geçen geceye kadar... O gece takatim kesilmiş... uyuyakalmışım... Ben böyle bir adamla 50 yıl geçirdim... Hayatımı, umudumu her şeyimi verdim... Ondan hiçbir şey

göremedim... Bir kerecik olsun, benim bildiğim görevlerden birisini yapmasını bekledim... Onsuz daha iyiyim, yemin ederim."

Hâkim, yaşlı adama dönerek:

"Diyeceğin bir şey var mı baba?" dedi.

Yaşlı adam bastonla zor yürüdüğü kürsüye, o ana kadar suçlanmış olmanın utangaçlığını hissettiren yüz ifadesiyle hâkime yöneldi.

"Askerliğimi, reisicumhur köşkünde bahçıvan

olarak yaptım, o bahçenin görkemli görünümüyle büyümesi için emeklerimi verdim... Fadime'mi de orada tanıdım... Sedefleri de... Ona en güzel çiçeklerden buketler verdim... O çiçeklerle doludur bahçesi... Kokusuna taptığım perişan eder yüreğimi...

İlk evlendiğimiz günlerin birinde boyun ağrısından şikâyetçi olduğu için, onu hekime götürdüm... Hekim, "Çok uzun süre uyanmadan yatarsa, boynundaki kireç sertleşir, kötüleşir," dedi... "Her gece uykusunu bölüp, uyansın, gezinsin," dedi... Hekimi pek dinlemedi, bizim hatun... lafım geçmedi... O günlerde tesadüf bu çiçek kurudu... Ben ona, "Gece sularsan geçer," dedim.. Adak dilettim... Her gece onu uyandırdım. Ve onu seyrettim... O sevdiğim kadının yavrusu bildiği çiçekleri sularken seyrettim... Her gece o çiçek

ben oldum... Sanki... Ona bu yüzden tapabilirdim..." dedi adam o yaştaki bir adamdan beklenmeyecek ifadelerle...

"Her gece o yattıktan sonra uyandım... Saksıdaki suyu boşalttım... Sedef gece sulanmayı sevmez, hakim bey.. Geçen gece de... Yaşlılık... Ben de uyanamadım... Uyandıramadım... Çiçek susuz kalırdı amma, kadınımın boynu yine azabilirdi... Suçlandım... Sesimi çıkartamadım..."

O an Mahkeme salonunda her şey sustu...

Ertesi sabah gazeteler *"Sedef susuz kaldı!"* diye yine yalnızca neticeyi haber yaptılar...

DERT AĞACI

ᴇᴋi çiftlik evimizi restore etmek için tuttuğum marangoz, işteki ilk gününü zorlukla tamamlamıştı. Arabasının patlayan lastiği onun işe bir saat geç gelmesine sebep olmuş, elektrikli testeresi iflas etmiş ve şimdi de eski püskü pikabı çalışmayı reddetmişti. Onu evine götürürken yanımda adeta bir heykel gibi oturuyordu. Evine ulaştığımızda beni, ailesiyle tanışmam için davet etti. Eve doğru yürürken bahçesinde bulunan küçük bir ağacın önünde kısa bir süre durdu, dalların uçlarına her iki eliyle dokundu. İlginçti. Kapı açıldığında adam şaşırtıcı şekilde değişti. Yanık yüzü tebessümle kaplandı, iki küçük çocuğunu kucakladı ve eşine kocaman bir öpücük verdi. Daha sonra beni arabaya yolcu etmeye geldiğinde ağacın yanından geçerken merakım daha da arttı ve ona eve giderken gördüğüm olayı sordum.

"O benim dert ağacım," dedi. "Elimde olmadan işimde bazı problemler çıkıyor ama şundan eminim ki, onlar evime aileme ait değil. Bunun için hepsini her akşam eve girerken o ağaca asıyorum. Sabahları tekrar onları oradan alıyorum. Ama komik olan ne biliyor musunuz? Ertesi sabah onları almaya gittiğimde, astığım kadar çok olmadıklarını görüyorum!"

TERZİ

~§~

Bir bilgeye sormuşlar:
'Efendim, dünyada en çok kimi seversiniz?

'Terzimi severim,' diye cevap vermiş.

Soruyu soranlar şaşırmışlar:

'Aman üstad, dünyada sevecek o kadar çok kimse varken terzi de kim oluyor? O da nereden çıktı? Neden terzi?'

Bilge, bu soruya da şöyle cevap vermiş:

'Dostlarım, evet ben terzimi severim. Çünkü ona her gittiğimde, benim ölçümü yeniden alır. Ama ötekiler öyle değildir. Bir kez benim hakkımda karar verirler, ölünceye kadar da, beni hep aynı gözle görürler.'

DENİZYILDIZI

❧

Bir zamanlar yazılarını yazmak üzere Okyanus sahiline giden aydın bir adam varmış. Çalışmaya başlamadan önce sahilde bir yürüyüş yaparmış. Bir gün sahilde yürürken plaja doğru baktığında dans eder gibi hareketler yapan bir insan silüeti görmüş. Başlayan güne dans eden biri olabileceğini düşünerek gülümsemiş ve ona yetişebilmek için adımlarını hızlandırmış. Yaklaştıkça bunun bir genç adam olduğunu ve dans etmediğini görmüş. Birkaç adım koşuyor, yerden bir şey alıyor ve Okyanusa fırlatıyormuş. Biraz daha yaklaşınca seslenmiş;

-Günaydın ne yapıyorsun böyle?

Genç adam durmuş, başını kaldırmış ve cevap vermiş:

-Okyanusa deniz yıldızı atıyorum.

-"Sanırım şöyle sormalıydım" demiş Bilge adam

-"Neden okyanusa deniz yıldızı atıyorsun?"

-Güneş çoktan yükseldi ve sular çekiliyor. Eğer onları suya atmazsam ölecekler.

-Ama delikanlı görmüyor musun ki kilometrelerce sahil var ve baştan aşağı deniz yıldızlarıyla dolu. Hiçbir şey farketmez.

Genç adam kibarca dinlemiş, eğilerek yerden bir deniz yıldızı daha almış ve dalgalanan denize doğru fırlatmış.

-Bunun için farketti!

Bu cevap bilgeyi şaşırtmış, ne söyleyeceğini bilememiş. Geriye dönmüş, yazısının başına geçmek üzere kulübesine gitmiş. Gün boyunca bir şeyler yazmaya çalışırken genç adamın görüntüsü önünden gitmemiş. Aklından çıkarmaya çalışmış, bir türlü olmamış. Nihayet akşama doğru farketmiş ki, o koca bilim adamı, o büyük şair, bu gencin davranışının özünü kavrayamamış. Çünkü bu gencin aslında yaptığının evrende bir gözlemci olmayı ve bir fark yaratmayı seçmek olduğunu anlamış. Utanmış. O gece sıkıntı içerisinde yatmış. Sabah olduğunda bir şey yapması gerektiğini düşünerek uyanmış. Yataktan kalkmış giyinmiş, sahile inmiş ve o genci bulmuş. Ve bütün sabahı onunla Okyanusa deniz yıldızı atarak geçirmiş.

"Hepimize bir fark oluşturma yeteneği bahşedilmiştir. Eğer biz o genç adam gibi, bu yeteneğimizin farkına varabilirsek, görüş (vizyon) gücümüz sayesinde geleceği şekillendirme kudretini elde edebiliriz.

Hepimiz kendi yıldızımızı bulmalıyız. Eğer yıldızımızı akıllıca ve iyi fırlatabilirsek, dünya hiç kuşkusuz harika bir yer olacaktır."

İNANIYOR MUSUN?

~≈~

Adamın biri, her zaman yaptığı gibi saç ve sakal tıraşı olmak için berbere gider ve kendisiyle ilgilenen berberle koyu bir sohbete başlarlar. Pek çok konu üzerinde konuştuktan sonra, birden Allah ile ilgili bir konu açılır.

Berber :

- Bak beyefendi! Ben senin bahsettiğin Allah'ın varlığına inanmıyorum.

Adam:

- Peki, neden böyle diyorsun?

Berber:

- Bunu açıklamak çok kolay. Bunu görmek için dışarı çıkmalısın. Lütfen bana söyler misin? Allah var olsaydı; bu kadar çok sorunlu, sıkıntılı, hasta insan olur muydu? Terk edilmiş çocuklar olur muydu? Eğer Allah olsaydı, kimse acı çekmez, birbirini üzemezdi. Allah var olsaydı, böylesi şeylere fırsat vermezdi.

159

Adam bir an durdu ve düşündü, ama gereksiz bir tartışmaya girmek istemediği için cevap vermedi. Berber işini bitirdikten sonra, adam ücretini ödeyip dışarıya çıktı. Tam o esnada, caddede uzun saçlı ve sakallı bir adam gördü. Adam bu kadr dağınık göründüğüne göre, belli ki traş olmayalı uzun zaman geçmişti. Adam berber dükkanına geri döndü.

Adam:

- Biliyor musun ne var? Bence berber diye bir şey yok.

Berber:

- Bu nasıl olabilir ki? Ben buradayım ve ben bir berberim.

Adam:

- Hayır, yok. Çünkü olsaydı caddede yürüyen uzun saçlı ve sakallı adamlar olmazdı. Berber:

- Hımmm... Berber diye bir şey var ama insanlar bana gelmiyorlarsa, ben ne yapabilirim ki?

Adam:

- Kesinlikle doğru. İşin püf noktası burası. Allah var ama insanlar ona yönelmiyorsa, bu ona yönelmeyenlerin tercihi. İşte dünyada bu kadar çok acı ve keder olmasının sebebi.

HAYATIN YANKISI

～

Bir adam ve oğlu ormanda yürüyüş yapıyorlarmış. Birden çocuk ayağı takılıp düşüyor ve cani yanıp 'AHHHHH' diye bağırıyor.

İleride bir dağın tepesinden 'AHHHHH' diye bir ses duyuyor ve şaşırıyor.

Merak ediyor ve

- "Sen kimsin?" diye bağırıyor. Aldığı cevap 'Sen kimsin?' oluyor.

Aldığı cevaba kızıp - "Sen bir korkaksın!" diye tekrar bağırıyor. Dağdan gelen ses 'Sen bir korkaksın!' diye cevap veriyor.

Çocuk babasına dönüp

- "Baba ne oluyor böyle?" diye soruyor.

- "Oğlum" der babası, "Dinle ve öğren!" ve dağa dönüp "Sana hayranım!" diye bağırıyor.Gelen cevap "Sana hayranım!" oluyor. Baba tekrar bağırıyor, "Sen muhteşemsin!"Gelen cevap; "Sen muhteşemsin!'. Çocuk çok şaşırıyor, ama halen ne olduğunu anlayamıyor.Babası açıklamasını yapıyor:

- ''İnsanlar buna yankı derler, ama aslında bu yaşamdır. Yaşam daima sana senin verdiklerini geri verir. Yaşam yaptığımız davranışların aynasıdır. Daha fazla sevgi istediğin zaman daha çok sev! Daha fazla Şefkat istediğinde, daha şefkatli ol! Saygı istiyorsan insanlara daha çok saygı duy. İnsanların sabırlı olmasını istiyorsan sen de daha sabırlı olmayı öğren. Bu kural yaşamımızın bir parçasıdır, her kesiti için geçerlidir.''

Yaşam bir tesadüf değil, yaptıklarınızın aynada bir yansımasıdır.

YILAN İLE YAPILAN ANLAŞMA

❦

Bir adam yılanla çok iyi bir anlaşma yapmıştı. Elbette bu yazılı bir anlaşma değildi, ama yine de bir anlaşmaydı.

Adam her gün yılana bir tas süt ikram ediyor, yılan da ağzıyla getirdiği küçük bir altını süt kabının yanına bırakıyordu. Bu durum aylarca bu şekilde devam etti.

Günlerden bir gün adam hastalandı. Yorgan döşek yatmaya başladı. Oğluna da yılanla yaptıkları anlaşmayı sürdürmesini tembihledi.

Birkaç gün bu anlaşmayı sürdüren aç gözlü oğlu, yılanın bir hazineye sahip olduğunu düşündü. Bu hazinenin tamamına sahip olmak istedi. Yılanı takip etti. Yılan bir mağaraya giriyordu. Sonra da ağzında bir altınla çıkıyordu. Yılanı öldürerek hazinenin hepsine sahip olacağını düşündü. Bir sopa alarak yılana saldırdı. Yılan çevik bir hareketle bu saldırıdan kurtuldu. Ancak bu sırada kuyruğunu kaybetmişti. Can havliyle gencin bacağına saldırdı ve onu zehirledi.

Olanlara çok üzülen baba aç gözlü oğluna kızdı. Tekrar anlaşmayı sürdürmek istedi. Yılana bu durumu belirtti. Yılan şu karşılığı verdi:

"Bende bu kuyruk acısı, sende de bu evlat acısı olduğu sürece hiçbir şey eskisi gibi olamaz."

ÖPÜCÜK

Çoğu zaman pek çok şeyi çocuklardan öğreniriz. Bir süre önce, bir arkadaşım, 3 yaşındaki kızını, bir rulo altın renkli kaplama kâğıdını ziyan ettiği için cezalandırmıştı. Durumları iyi değildi ve kızının kâğıtları, ağacın altına koyacağı bir kutuyu süslemeye harcaması onu çok sinirlendirmişti. Buna rağmen, küçük kız, ertesi sabah hediyeyi babasına getirdi ve " Bu senin için babacığım" dedi. Arkadaşım, gösterdiği tepki için kendini suçlu hissetti, ama kutunun boş olduğunu görünce için için sinirlenmekten de kendini alamadı. Kızına bağırdı: " Birine bir hediye verdiğin zaman içinin dolu olması gerektiğini bilmiyor musun? " Küçük kız babasına yaşlı gözlerle baktı ve söyle dedi: " Ama babacığım, kutu boş değil ki. Ben kutunun içine öpücüklerimi üflemiştim. Hepsi senin için babacığım." Babanın içi paramparça olmuştu. Kızını kucakladı ve onu affetmesi için yalvardı. Arkadaşım bu altın renkli kutuyu yatağının başucunda yıllarca sakladığını anlattı bana. Ne zaman cesaretini kaybetse, kutunun içinden hayali bir öpücük çıkarıyor ve onu oraya koyan çocuğunun sevgisini hatırlıyordu. Gerçek anlamda bakmak gerekirse, her birimiz arkadaşlarımız ve ailelerimiz tarafından bize sunulan karşılıksız sevgi ve öpücüklerle dolu altın renkli kutulara sahibiz. Dünyada sahip olabileceğimiz daha değerli bir şey olamaz.

SİNEKLERİN BAKIŞ AÇISI

Anne sinek yeni doğan çocuklarını eğitmek için onları ormanda dolaşmaya çıkarmıştı. Uçarlarken bir örümcek ağı gördüler. Anne sinek, yavrularını uyardı:

"Aman çocuklar, örümceğe dikkat ediniz," dedi. "Onun yaptığı bu ağaçlardan birine yakalanırsanız, bir daha kurtulamazsınız, örümceğe yem olursunuz."

Anne sinek, yavrularıyla bir süre daha uçtuktan sonra, kendini ve onları yine büyük bir tehlikeden kurtardı. Karşıdan, sinek yiyen bir kuş geliyordu. Anne sinek yavrularının önüne geçti ve birlikte bir ağacın yaprağı altına saklandılar.

Tehlike geçtikten sonra anne ve yavru sinekler yeniden uçmaya hazırlanırken, ormanın derinliklerinde tüyler ürpertici bir kükreme duydular. Yavru sinekler korkularından, yeniden yaprağın altına girip saklandılar. Yavrularının korktuğunu gören anne sinek yanlarına geldi ve onları rahatlattı:

"Korkmayın, yavrularım! O kükreyen, aslan denen bir hayvandır," dedi. "merak etmeyin, kimseye bir zararı dokunmaz."

ANNE ŞEFKATİ

❧

Küçük oğlu annesine geldi ve ona kağıdı uzattı. Annesi ellerini önlüğüne kuruladıktan sonra kağıdı okumaya başladı;

Çimleri biçtiğim için 5 dolar

Odamı temizlediğim için 1 dolar

Alışverişe gittiğim için 50 sent

Küçük kardeşime baktığım için 25 sent

Çöpü attığım için 1 dolar

İyi bir karne getirdiğim için 5 dolar

Bahçeyi temizlediğim için 2 dolar

Toplam borç 14 dolar, 75 sent

Anne, umutla kendisine bakan oğlunun elinden kağıdı aldı ve kağıdın arka yüzüne şunları yazdı;

Seni 9 ay karnımda taşıdım BEDAVA

Hasta olduğunda başında bekledim, elimden geleni yaptım, senin için dua ettim BEDAVA

Yıllar boyu değişik nedenlerle senin için gözyaşı döktüm BEDAVA

Senin için geceler kaygı duyup, uykusuz kaldım BEDAVA

Oyuncaklarını topladım, yemeğini hazırladım giysilerini yıkadım, ütüledim BEDAVA YAVRUM

ve bunların hepsini topladığın zaman gerçek sevginin bedelinin olmadığını görürsün, bedavadır çünkü oğul annenin yazdıklarını okuyunca gözleri doldu.

Annesine baktı, "Anneciğim seni seviyorum" dedi ve kalemi alarak bu kağıda

"HEPSİ ÖDENMİŞTİR" yazdı.

GECE ve GÜNDÜZ

Bir bilge kişi, çölde öğrencileriyle otururken demiş ki; "Gece ile gündüzü nasıl ayırt edersiniz? Tam olarak ne zaman karanlık başlar, ne zaman ortalık aydınlanır?"

Öğrencilerden biri; "Uzaktaki sürüye bakarım," demiş, "koyunu keçidenayıramadığım zaman akşam olmuş demektir."

Başka bir öğrenci söz almış ve "Hocam" demiş, "İncir ağacını, zeytin ağacından ayırdığım zaman, anlarım ki sabah başlamıştır."

Bilge kişi, uzun süre susmuş. Öğrenciler meraklanmışlar ve "Siz ne düşünüyorsunuz hocam?" diye sormuşlar.

Bilge kişi şöyle demiş; "Yürürken karşıma bir kadın çıktığında, güzel mi çirkin mi, siyah mı beyaz mı diye ayırmadan ona "bacım" diyebildiğimde ve yine yürürkenönüme çıkan erkeği, zengin mi yoksul mu diye bakmadan, milletine, ırkına,dinine aldırmadan, kardeşim sayabildiğimde anlarım ki; sabah olmustur, AYDINLIK başlamıştır..."

EN KISA ANAYASA

❦

Bir zamanlar üç bilge bir araya gelip dünya-
nın en kısa anayasasını yazmaya koyuldular.
*İnsanın hareketlerine ve davranışlarına hükmeden
kanunu gösterebilen kişi, dünyanın en bilge kişisi
seçilecekti.*

"Allah suçluları cezalandırır" diye teklif etti
bilgelerden birisi. Tek cümleydi; kısa ve özdü.
Fakat diğerleri bunun bir kanun değil bir tehdit
olduğunu söyleyerek itiraz ettiler. Birinci bilgenin
bu teklifi kabul edilmedi.

"Allah sevgidir" dedi ikinci bilge. Ama bu tek-
lif de kabul görmedi, çünkü insanın görevlerini
tam anlamıyla açıklamıyordu. Sonra üçüncü bil-
ge tane tane şu teklifte bulundu:

"Kendinize yapılmasını istemediğiniz şeyi,
başkalarına yapmayın." Ve ilave etti: "Kanun bu-
dur; gerisi sadece yoruma kalmıştır."

Diğer bilgeler de bu teklifi kabul ettiler. O bilge
de zamanının en bilge kişisi seçildi.

HZ. İSA'NIN AHMAKLARDAN KAÇMASI

～✢～

Hz. İsa, sanki bir aslan, kanını dökmek istiyormuş da ondan kaçıyormuş gibi, bir dağa kaçıyormuş. Birisi de onun arkasından koşarak yetişti ve:

"Hayrola! Kuş gibi niçin kaçıyorsun? Arkanda kimse yok," diye sordu.

Hz. İsa o kadar hızlı koşuyordu ki acelesinden adamın sorusuna cevap veremedi. Adam bir müddet onun arkasından koştu. Peşini bırakmadı ve Hz. İsa'ya kuvvetlice bağırarak dedi ki:

"Allah rızası için biraz dur. Böyle hızlı kaçışın bana dert oldu. Ey kerem sahibi! Kimden kaçıyorsun?"

Hz. İsa:

"Yürü git," dedi. "Benim ayağımı bağlama. Ben bir ahmaktan kaçıyorum, bırak da kaçıp kurtulayım," dedi.

Adam:

"Nefesi ile körleri, sağırları iyileştiren sen değil misin?" dedi.

Hz. İsa:

"Benim," dedi.

Adam:

"Ey temiz ruh! Mademki her ne istersen yapabiliyorsun, o halde kimden korkuyorsun? Bu kadar mucizelerin varken, kim sana kul köle olmaz?"

Hz. İsa:

"Kayalık bir dağa okudum dağ çatladı, yarıldı; ölmüş bir adama okudum dirildi, hiçbir şey olmayana okudum, meydana geldi, bir şey oldu. Fakat ahmağın gönlüne okudum, hem de sevgi ile, şefkat ile yüzlerce kere okudum; bir dermanı, bir faydası olmadı. O ahmak bir mermer kaya kesildi de, ahmaklığından dönmedi, çorak bir kum oldu da ondan ot bitmedi."

Hz. İsa gibi sende ahmaklardan kaç, ahmaklarla sohbet etme, ahmaklarla konuşup görüşmek nice kanların dökülmesine sebep olmuştur. Hava suyu nasıl yavaş yavaş çeker, buharlaştırırsa, ahmak da onun gibi, sizden bir şeyler çalar, ruhen sizi yoksul bırakır. Senin hararetini çalar, soğukluk verir, seni mermer taşın üstüne oturmuş kişiye döndürür.

TUZLU KAHVE

Kıza bir partide rastlamıştı... Harika bir şeydi. O gün peşinde o kadar delikanlı vardı ki... Partinin sonunda kızı kahve içmeye davet etti. Kız parti boyu dikkatini çekmeyen oğlanın davetine şaşırdı ama tam bir kibarlık gösterisi yaparak kabul etti. Hemen köşedeki şirin kafeye oturdular. Delikanlı öyle heyecanlıydı ki, kalbinin çarpmasından konuşamıyordu. Onun bu hali kızın da huzurunu kaçırdı...

"Ben artık gideyim," demeye hazırlanırken, delikanlı birden garsonu çağırdı...

"Bana biraz tuz getirir misiniz?" dedi... "Kahveme koymak için..."

Yan masalardan bile şaşkın yüzler delikanlıya baktı... Kahveye tuz!.. Delikanlı kıpkırmızı oldu utançtan ama tuzu kahvesine döktü ve içmeye başladı. Kız, merakla:

"Garip bir ağız tadınız var," dedi..

Delikanlı anlattı:

"Çocukken deniz kenarında yaşardık. Hep deniz kenarında ve denizde oynardım. Denizin tuzlu suyunun tadı ağzımdan hiç eksilmedi. Bu tatla büyüdüm ben... Bu tadı çok sevdim. Kahveme tuz koymam bundan. Ne zaman o tuzlu tadı dilimde hissetsem, çocukluğumu, deniz kenarındaki evimizi ve mutlu ailemi hatırlıyorum... Annemle babam hâlâ o deniz kenarında oturuyorlar... Onları ve evimi öyle özlüyorum ki!.."

Bunları söylerken gözleri nemlenmişti delikanlının... Kız dinlediklerinden çok duygulanmıştı. İçini bu kadar samimi döken, evini, ailesini bu kadar özleyen bir adam, evi, aileyi seven biri olmalıydı. Evini düşünen, evini arayan, evini sakınan biri... Ev duygusu olan biri... Kız da konuşmaya başladı... Onun da evi uzaklardaydı... Çocukluğu gibi... O da ailesini anlattı. Çok şirin bir sohbet olmuştu... Tatlı ve sıcak...

Ve de bu sohbet öykümüzün harikulade güzel başlangıcı olmuştu tabii... Buluşmaya devam ettiler ve her güzel öyküde olduğu gibi, prenses, prensle evlendi. Ve de sonuna kadar çok mutlu yaşadılar. Prenses ne zaman kahve yapsa, prensine içine bir kaşık tuz koydu, hayat boyu... Onun böyle sevdiğini biliyordu çünkü...

40 yıl sonra, adam dünyaya veda etti. 'Ölümümden sonra aç,' diye bir mektup bırakmıştı sevgili karısına... Şöyle diyordu, satırlarında...

"Sevgilim, bir tanem... Lütfen beni affet. Bütün hayatımızı bir yalan üzerine kurduğum için beni affet. Sana hayatımda bir tek kere yalan söyledim... Tuzlu kahvede... İlk buluştuğumuz günü hatırlıyor musun? Öyle heyecanlı ve gergindim ki, şeker diyecekken 'tuz' çıktı ağzımdan... Sen ve herkes bana bakarken, değiştirmeye o kadar utandım ki, yalanla devam ettim. Bu yalanın bizim ilişkimizin temeli olacağı hiç aklıma gelmemişti. Sana gerçeği anlatmayı defalarca düşündüm. Ama her defasında korkudan vazgeçtim. Şimdi ölüyorum ve artık korkmam için hiçbir sebep yok...

İşte gerçek... Ben tuzlu kahve sevmem. O garip ve rezil bir tat... Ama seni tanıdığım andan itibaren bu rezil kahveyi içtim. Hem de zerre pişmanlık duymadan. Seninle olmak hayatımın en büyük mutluluğu idi ve ben bu mutluluğu tuzlu kahveye borçluydum.

Dünyaya bir daha gelsem, her şeyi yeniden yaşamak, seni yeniden tanımak ve bütün hayatımı yeniden seninle geçirmek isterim, ikinci bir hayat boyu daha tuzlu kahve içmek zorunda kalsam da.."

Yaşlı kadının gözyaşları mektubu sırılsıklam ıslattı. Lafı açıldığında bir gün biri, kadına "Tuzlu kahve nasıl bir şey?" diye soracak oldu...

Gözleri nemlendi kadının...

"Çok tatlı!.." dedi...

HEDİYE

~∽~

Bir zamanlar, Uzakdoğu'da büyük bir savaşçı yaşardı. Artık yaşlanan bu samuray, vaktini gençlere manevi dersler vererek geçiriyordu. İlerlemiş yaşına rağmen, insanlar onu kimsenin mağlup edemediğine inanıyordu... Bir gün, yaşlı samurayın kasabasına, vicdansızlığıyla tanınan bir savaşçı geldi. Adam, rakibini kışkırtma teknikleriyle tanınıyordu. Değişmez şekilde, kışkırttığı ve kızdırdığı rakibine ilk hareketi yaptırır, sonra da en küçük bir hatayı affetmeden adeta bir rüzgar hızıyla karşı hücuma geçerek, mücadeleyi kazanırdı. Bu genç ve sabırsız savaşçı, hiç kimseye yenilmemişti. Samurayın adını duyarak buraya gelmişti ve onu da yenerek şöhretini büyütmeyi amaçlıyordu. Bütün öğrencileri böyle bir müsabakaya karşı çıktıysa da, yaşlı savaşçı onun kavga davetini kabul etti. Herkes, kasaba meydanında toplandı. Genç savaşçı rakibine hakaretler yağdırmaya başladı. Ona doğru taşlar attı,yüzüne tükürdü, akla gelebilecek her türlü aşağılamada bulundu. Yaşlı savaşçının, atalarına bile dil uzattı. Onu kızdırıp ilk hareketi yaptırmak için, saatlerce uğraştı. Fakat, yaşlı adam hep sessiz ve hareketsiz kaldı.

İkindiye geldiğinde durum değişmişti. Artık yorgun düşmüş, kibri kırılmış aceleci savaşçı, dayanamayıp müsabaka meydanını terk etti. Öğrencileri, hocalarının bu kadar hakarete karşı tek kelime etmemesiyle hayal kırıklığına uğramışlardı. Dayanamayıp sordular:

"Böylesi bir aşağılamaya nasıl dayanabildiniz? Neden kaybedeceğinizi bilseniz de kılıcınızı kullanmadınız? Onun yerine, hepimizi utandırarak korkaklığı seçtiniz?

"Yaşlı samuray sükunetle şöyle dedi: "Birisi size bir hediye getirse ve siz de kabul etmezseniz, o hediye kime ait olur?", "Hediyeyi vermeye çalışana" diye cevap verdi öğrencilerden birisi.

"Aynı şey kıskançlık, öke ve hakaretler için de geçerlidir" diyerek, son noktayı koydu samuray. "Eğer kabul edilmezlerse, onlar taşıyana ait olmaya devam ederler."

KAYA ve HEYKEL

❧

Bir heykeltıraş, işleyip heykel yapmak üzere mermer satın almak istiyordu. Mermercinin bahçesinde dolaşırken, köşeye atılmış bir kaya parçasına gözü ilişti. "Bu mermer parçasının fiyatı nedir?" diye sordu mermerciye. "Bedava" cevabını verdi mermerci, "eğer işine gerçekten yarayacağını düşünüyorsan, para vermeden götürebilirsin." Heykeltıraş şaşırmıştı: "Neden bedava veriyorsun bunu?" "Çekli bozuk çünkü" dedi mermerci, "kimse satın almak istemiyor ve bahçemi işgal etmekten başka bir işe yaramıyor. Alıp götürürsen, beni ancak mutlu edersin." Birkaç ay sonra, heykeltıraş mermercinin dükkanına elinde bir kutuyla girdi ve kutuyu mermerciye uzattı. Mermerciyi kutuyu açtı, içinde harika bir heykel duruyordu. "Şu güzelliğe bakın!" dedi mermerci. "Eminim bu sanat eseri için büyük paralar isteyeceksin. Peki ama onu neden bana getirdin? Biliyorsun, ben sadece mermer taşı satarım..." "Hayır, hayır" diye cevapladı sanatkar, "bu sana bir hediye." "Bana hediye mi? Neden? "Çünkü bu taş senin." "Nasıl yani?" "Hatırlamıyor musun, buraya altı ay önce gelmiştim ve bana bahçenin köşesinde duran bir taş parçasını vermiştin?" "E... evet, o heykeltıraş sendin. Şimdi hatırladım." "İşte bu heykeli bana verdiğin taştan yaptım." Mermerci altı ay önce söylediği sözleri hatırlayıp utandı: "Allah'ım! Bu harika heykelin o çirkin taştan çıkabileceğine kim inanabilirdi ki?" Michelangelo da başka heykeltıraşların almak istemediği bir büyük mermer bloğu alıp o dünyaca meşhur Hz. Davud heykelini yapmıştı. Kendisine bu harika sanat eserlerini nasıl yaptığını soranlara da şu cevabı vermişti: "Ben mermerlerin içinde bir melek görürüm ve onu özgürlüğüne kavuşturuncaya kadar, mermeri keski ve çekicimle oymaya devam ederim."

HAYATI GÜZELLEŞTİREN AYRINTILAR

~~❧~~

Bir gün beyleri Sultan Mahmut'a: "Eyaz denilen bu kölenin ne marifeti var ki sen ona otuz kişinin maaşı kadar maaş ödüyorsun?" dediler. Sultan Mahmut bu soruya o anda karşılık vermedi. Birkaç gün sonra beylerini alarak ava çıktı. Yolculuk sırasında bir kervanın gitmekte olduğunu gördüler. Sultan Mahmut beylerden birine: "Git sor bakalım, bu kervan nereden geliyor?" dedi. Bey atını sürerek gitti, birkaç dakika içinde geriye döndü. "Efendim kervan Rey şehrinden geliyor" dedi. Sultan: "Peki nereye gidiyormuş?" diye sorunca bey susup kaldı. Bunun üzerine Sultan Mahmut başka birini gönderdi. O da gidip geldi. "Efendim Yemen'e gidiyormuş" dedi. Padişah: "Yükü neymiş?" deyince o da sustu kaldı. Bu defa Padişah başka bir beye: "Sen de git yükünü öğren!" dedi. Bey gitti geldi. "Her cins malı var, fakat çoğu Rey kâseleri…" dedi. Padişah: "Peki kervan Rey'den ne zaman çıkmış?" deyince bey susup kaldı ve cevap veremedi. Padişah böyle tam otuz beyi gönderdi, otuzu da istenen bilgileri tam olarak getiremediler. Padişah son olarak Eyaz'ı çağırdı. "Eyaz, git bakalım şu kervan nereden geliyor?" dedi. Eyaz saygıyla Padişahın huzurunda eğilerek konuşmaya başladı. "Efendim, kervan görünür görünmez, sizin merak ederek soracağınızı tahmin ettiğimden gidip gerekenleri öğrendim. Kervan Rey'den geliyor, Yemen'e gidiyor, yükü şudur, şu kadar at, şu kadar deve, şu kadar katırdan oluşuyor. Kervanda şu kadar insan var..." diye başlayarak kervan hakkında en küçük malumata varıncaya kadar her şeyi anlattı. Beyler, bütün bunları ağzı açık dinliyorlardı. Padişah beylerine döndü:

"Sadık kölem Eyaz'a neden otuz kişinin ücretine denk ücret verdiğimi anladınız mı? Görüyorsunuz ki bu bile onun hizmetine az geliyor" dedi...

KELEBEK

～❧～

Bir gün, kozada küçük bir delik belirdi; bir adam oturup kelebeğin saatler boyunca bedenini bu küçük delikten çıkarmak için harcadığı çabayı izledi. Ardından sanki ilerlemek için çaba harcamaktan vazgeçmis gibi geldi ona. Sanki elinden gelen her şeyi yapmış ve artık yapabileceği bir şey kalmamış gibiydi. Böylece adam, kelebeğe yardım etmeye karar verdi. Eline küçük bir makas alıp kozadaki deliği büyütmeye başladı. Bunun üzerine kelebek kolayca dışarı çıkıverdi. Fakat bedeni kuru ve küçücük, kanatları buruş buruştu. Adam izlemeye devam etti. Çünkü her an kelebeğin kanatlarının açılıp genişleyeceğini ve bedenini taşıyacak kadar güçleneceğini umuyordu. Ama bunlardan hiç biri olmadı! Kelebek, hayatının geri kalanını kurumuş bir beden ve buruşmuş kanatlarla yerde sürünerek geçirdi. Ne kadar denese de asla uçamadı.

Adamın iyi niyeti ve yardım severliği ile anlayamadığı şey, kozanın kısıtlayıcılığının ve buna karşılık kelebeğin daracık bir delikten çıkmak için göstermesi gereken çabanın, Tanrı'nın kelebeğin bedenindeki sıvıyı onun kanatlarına göndermek ve bu sayede de kozanın kısıtlayıcılığından kurtulduğu anda uçmasını sağlamak için seçtiği yol olduğuydu. Bazen yaşamda tam olarak ihtiyaç duyduğumuz şey çabalardır.Eğer Tanrı, yaşamda herhangi bir çaba olmadan ilerlememize izin verseydi, o zaman bir anlamda sakat kalırdık. O zaman olabileceğimiz kadar güçlenemezdik. Asla uçamazdık...

AĞAÇLARDAN
YÜKSELEREK ORMANI GÖRMEK

～✦～

Amerika'nın büyük üretim şirketlerinden birinin yönetim kurulu üyeleri, kâr-zarar hesaplarını incelerken, fabrikalardan birisinin müdürünün maaşı dikkatlerini çekmiş. Maaşı bir miktar düşürmenin mümkün olabileceğini düşünmüşler ve içlerinden iki kişi seçerek, fabrika müdürünün ne yaptığını incelemelerini ve daha sonra bu konuda karar verilmesini kabul etmişler. Seçilen iki kişi, bir sabah habersizce fabrikaya gitmiş ve fabrika müdürünün odasına girmişler. Gördükleri manzara şu olmuş:

Fabrika müdürünün elinde kahve fincanı, ağzında piposu, ayakları masanın üzerinde etrafa halka halka duman yaymakla meşgul... Masanın üzerinde ne bir dosya, ne bir parça kâğıt, hiçbir şey yok.

Bir müddet kendisi ile oradan buradan konuşan heyet üyeleri bu süre içinde müdürün hiçbir işle meşgul olmadığını ve yalnızca birkaç basit telefon konuşması yaptığını görmüşler.

Heyet üyeleri, aldıkları izlenimden hoşnut, yönetim kuruluna, fabrika müdürü olan kişinin yanında bulundukları üç saati aşkın zaman içinde hemen hemen hiçbir işle meşgul olmadığını, bunun için de basit bir iş için verilen yıllık 100.000 dolardan en azından üçte iki oranında tasarruf sağlanabileceğini söylemişler. Öncelikle fabrika müdürüne, ücretini düşürmeyi teklif etmişler. Tabii fabrika müdürü bu indirime razı olmamış, işten ayrılmış.

Yönetim kurulunun düşündüğü maaşla çalışmayı kabul eden birçok aday arasından bir kişi fabrika müdürü olarak seçilmiş. Üç ay sonra, yönetim kuruluna verilen üretim raporlarında, az bir düşüş olduğu görülmüş. "Fabrika müdürü yeni, bu kadar acemilik olur" diye düşünmüşler. Altıncı ayın sonunda gelen raporlarda, üretim rakamları eğrisinde bir hayli düşüş olduğunu görmüşler. İki kişilik heyetin üyeleri, yeni fabrika müdürünü ziyarete gitmişler. Odaya girdiklerinde gördükleri manzara şöyle: Adamcağız kan ter içinde, bir elinde telefon, öteki eli evrak imzalamakla meşgul, başıyla, gelenlere oturmalarını işaret etmiş. Gelen giden o kadar çok ki, adamla doğru dürüst konuşmaya bile imkân bulamamışlar.

Heyet üyelerinde oluşan görüş şu olmuş: "Böyle canla başla uğraşan bir adam işin başında olduğu müddetçe işlerin düzelmemesi için hiçbir sebep yoktur, biraz daha bekleyelim".

Yılsonu gelmiş. Her yıl kâr eden fabrikanın bilânçosu zararla kapanınca yönetim kurulu üyeleri birbirlerine girmişler. Bu işi yeniden incelemek üzere aralarından başka iki kişiyi seçmişler. Yeni heyet, müdürün odasına değil, fabrikanın içine girmiş. Gördükleri manzara şu: İnsanlar işlerinin başında bekleşiyorlar. Niçin beklediklerini sorduklarında ise aldıkları cevap; "Özel bir döküme başlayacağız. Fabrika müdürü, kendisi gelmeden işe başlamamamızı söyledi, biz de kendisini bekliyoruz. Herhalde elektrik atölyesinden bir türlü ayrılamadı."

O sırada heyet üyelerinin gözleri, yaşlı bir ustabaşına takılmış. Adamı bir kenara çekmişler ve fabrikanın eskiye göre daha kötü çalışmasının nedenleri konusunda fikrini sormuşlar. Yaşlı ustabaşı, içini dökme ihtiyacını uzun zamandır hissetmiş olacak ki; "Baylar," demiş. "Eski müdürümüz ayrıntı ile uğraşmaz, ileriye dönük planlar yapar, işi bize bırakır, biz de normal koşullarda onu rahat bırakırdık. Ancak aniden ve içinden çıkamayacağımız bir sorunla karşılaştığımızda ona başvururduk. Bilirdik ki, o bizim sorunumuzu çözecek. O gerçek fabrika müdürü idi. Güler yüzlüydü, piposunu içer, bizimle şakalaşır, hepimiz için düşünürdü. Şimdiki müdür de dürüst, iyi niyetli, hatta çok daha çalışkan bir insan. Fakat hiçbirimize inanmıyor, her işi kendisi yapmak istiyor. Yani o, bizim yerimize ustabaşılık yapıyor. Tabii biz de amele çavuşu oluyoruz. Haydi neyse, buna da aldırmıyorum da, fabrika müdürlüğü boş kalıyor. Elinde piposu, ileriyi görmeye çalışan, önlemler alan, düşünen adamın yerinde hiç kimse yok.

Eski fabrika müdürünü tekrar işin başına getirmek isteyen yönetim kurulu, bir yıllık acı deneyimden sonra eski müdürü ziyarete gitmiş. Müdür, deniz kıyısındaki evinin bahçesinde muz ağaçlarını sularken karşılamış misafirlerini. "Geleceğinizi biliyordum. Hoş geldiniz" demiş. Patronlar süklüm püklüm durumu açıklamışlar. "Ama" demişler, "biz haklıydık, sen tüm gün odanda dışarıyı seyrediyor, arada işçilerle sohbet ediyor, pek de çalışmıyordun."

Eski müdür gülümsemiş ve anlatmış: "Döndüğünüzde benim odamın penceresinden dışarı bakarsanız fabrikanın bacasını göreceksiniz. Ben gün boyunca fabrikanın bacasını izlerdim, ne zaman dumanda bir azalma olsa, bir problem olduğunu anlar, fabrikaya iner, problemin sebebini bulur, çözer, birimler arası koordinasyonu sağlar ve odama giderdim. Duman düzenli ve iyi çıktığı zamanlar ise ufka bakar ve kurumla ilgili yeni projeler yürütür ve hangi birimlerde neler yapmamız gerektiğini düşünür, yıllar sonrasını planlardım" demiş.

OLTAYA YEM TAKMADIM

～✥～

Baba-oğul, göl kenarına gelince, oltayı göle atıp otele döndüler. Bir saat sonra oltaya balık takılıp takılmadığını görmek için göle gittikleri vakit, dört beş balığın takıldığını gördüler. Çocuk, "Ben balıkların oltaya takılacaklarını biliyordum" dedi. Babası sordu: "Nereden biliyordun?"

"Dua ettim de onun için" dedi çocuk.

Oltayı yeniden hazırladılar ve yemek için otele gittiler. Yemekten sonra göle gittikleri vakit, yine birkaç balığın yakalandığını gördüler. "Çocuk, böyle olacağını biliyordum" dedi. Babası sordu: "Nereden biliyordun?"

Çocuk "Dua ettim de onun için", dedi.

Baba-oğul, oltayı tekrar göle attı ve otele geri döndüler. Yatmadan önce, göle gidip oltaya baktıkları vakit, bu defa bir tek balığın bile oltaya takılmadığını gördüler. Çocuk "ben oltaya balık gelmeyeceğini biliyordum" dedi. Babası sordu: "Nereden biliyordun?"

Çocuk, "dua etmedim de onun için" dedi.

Babasının, niye dua etmediğini sorması üzerine de çocuk, şu cevabı verdi: "Oltaya yem takmadığımı hatırladım da onun için."

NELERE DEĞER VE ÖNEM VERİYORUZ?

ir gün New York'ta bir grup iş arkadaşı, yemek molasında dışarıya çıkar. Gruptan biri, Kızılderili'dir. Yolda yürürken insan kalabalığı, siren sesleri, yoldaki iş makinelerinin çıkardığı gürültü ve korna sesleri arasında ilerlerken Kızılderili, kulağına cırcır böceği sesinin geldiğini söyleyerek cırcır böceğini aramaya başlar. Arkadaşları, bu kadar gürültünün arasında bu sesi duyamayacağını, kendisinin öyle zannettiğini söyleyip yollarına devam eder. Aralarından bir tanesi inanmasa da onunla birlikte cırcır böceğini aramaya başlar. Kızılderili, yolun karşı tarafına doğru yürür, arkadaşı da onu takip eder. Binaların arasındaki bir tutam yeşilliğin arasında gerçekten bir cırcırböceği bulurlar. Arkadaşı, Kızılderili'ye: "Senin insanüstü güçlerin var. Bu sesi nasıl duydun?" diye sorar. Kızılderili ise; bu sesi duymak için insanüstü güçlere sahip olmaya gerek olmadığını söyleyerek, arkadaşına kendisini takip etmesini söyler.

Kaldırıma geçerler ve Kızılderili cebinden çıkardığı bozuk parayı kaldırıma yuvarlar. Birçok insan, bozuk para sesini duyunca sesin geldiği tarafa bakarak, onun ceplerinden düşüp düşmediğini kontrol eder.

Kızılderili, arkadaşına dönerek: "Önemli olan, nelere değer verdiğin ve neleri önemsediğindir. Her şeyi ona göre duyar, görür ve hissedersin" der.

KENDİNE BAŞKA KAPI ARA

4. Murat devrinde rakı içilmesi yasaklanmış, içenler hakkında da çok sıkı kovuşturma yapılmış. Zamanın şeyhülislamını çekemeyen yüksek rütbeli bir zat, bir gün padişaha şeyhülislam efendinin bu yasağa uymadığını gammazlayıvermiş. 4. Murat da öfkelenerek çok güvendiği mabeyincilerden birini akşama doğru ansızın şeyhülislamın evine yollamış. Saraydan gelen bu misafire çabucak kahve ikram edilip oradan buradan konuşulmaya başlandıktan bir süre sonra birden bire misafir odasının kapısı açılmış ve elinde gümüşten rakı tepsisiyle bir Arap uşak görünmüş. Mabeyincinin, şeyhülislam ile oturduğunu gören uşak hiç bozuntuya vermeden: "Efendi hazretleri" demiş. "Ben zat-ı âlilerine bizim aşçıbaşının gizlice rakı içtiğini söylemiştim ama siz inanmamıştınız. İşte tepsisini getirdim, sözlerimin doğru olduğunu göresiniz..."

Şeyhülislam efendi tabi müthiş sinirlenmiş, hatta evinde böyle birini barındırdığı için o kadar üzülmüş ki (!) evi yakmaya kalkacakken mabeyinci zor önlemiş. Padişaha da olayı anlatarak şeyhülislamı kurtarmış.

Ertesi gün şeyhülislam Arap uşağı çağırmış. Kendisine bir kese altın uzatarak: "Oğlum, şunu al ama kendine de başka bir kapı ara. Ben kendimden daha zeki insanlarla aynı çatı altında oturmaya tahammül edemem" demiş.

DOĞRU YERDE OLMAK

~⌒~

Anne ve yavru deve, tembel tembel yemeklerini yerken birden yavru anneye dönmüş ve "sana bir şey sorabilir miyim, anne?" demiş. "Elbette yavrum sor" diye cevaplamış anne. Yavru devam etmiş: "Anne bizim niye hörgücümüz var?" Anne gururla, "Bu hörgüçlerde biz su biriktiririz yavrum ve bu sayede çölde herhangi birisinden çok daha uzun süre susuz dayanabiliriz" diye yanıtlamış.

Yavru deve yine sormuş: "Peki anne, bizim bacaklarımız niye bu kadar uzun ve ayaklarımız yuvarlak?"

"Evladım" diyerek başlamış söze anne deve, biraz daha gururlanarak, "bu sayede biz çölün kumlarında herkesten daha rahat ve daha hızlı hareket edebiliriz."

"Bunu da anladım, anne peki, kirpiklerimiz niye böyle uzun, bazen görüşümü bile bozuyorlar" diye sorularına devam etmiş.

Anne, "Hayatım, onlar gözlerimizi çölün kumlarından korur, gözümüze kum kaçmaz" diye cevaplayınca yavru deve dönmüş ve şunları söylemiş annesine: "Anladım, hörgüçlerimiz çölde daha uzun dayanabilmemiz için su depolar, bacaklarımız uzun ve böylece çölde daha hızlı, daha rahat hareket edebiliriz, kirpiklerimiz gözlerimizi çölün kumlarından korur. Anlayamadığım şey, o zaman bu hayvanat bahçesinde bizim ne işimiz var anne?"

KİBRİT ÇÖPÜ

Kibrit çöplerini insanların yaşantılarına benzetirler. Kibrit kutusu insanın yaşadığı toplumu ifade eder bir bakıma. Bazı kibrit çöpleri vardır bir amaç için yanarlar, kimi bir sigara yakar, kimi bir ocak, kimi boş yere yanıp tükenir hiçbir işe yaramadan. Kimi ise bir ormanı, bir evi, büyük bir alanı yakar kül eder, kendisiyle birlikte. Kibrit kutusunu açıp baktığınızda hepsi aynı gibi gözükse de birbirinden farklı kibrit çöpleri vardır. Bazıları yanamayacak kadar incedir. Yakarken kırılır zannedersiniz ama bilir misiniz en iyi onlar yanar. Bazıları da epeyce kalın. Zannedersiniz ki yanınca yeri göğü yakacak ama yakınca bir bakarsınız foss diye bir ses çıkarır kendisini bile yakamaz. Sadece ucundaki kimyasal madde alev bile almadan kararır gider. Kimileri eğri büğrüdür ama yine de bir kibrit çöpünden beklenen fonksiyonları yerine getirirler. Her zaman en üstteki kibrit çöpleri ilk önce yanar. İşte insan yaşamı da bu kibrit çöplerine benzer. Kimi insanlar vardır kendinden beklenileni asla yerine getiremezler, kalın kibrit çöpü gibi kendi kendilerini yok eder giderler. Kimi insanlar vardır bir lambanın fitilini yakarlar kendileri yok olup gitse de ışığı kalır. Eğri ve kırık kibrit çöpleri gibi özürlü insanlar vardır aramızda yaşayan, onları şekilleriyle değil işlevleriyle değerlendirmeliyiz ve neyi yaktığına bakmalıyız.

Kibrit kutuları içinde yaşanılan topluma benzer. Islak bir kutudaki kibriti istediğin kadar uğraş yakamazsın, demek ki içinde yaşanılan toplum insanı istemese de çok etkiler. Bazı kibrit çöpleri de aykırı insanları ifade eder. Tüm kibrit çöpleri aynı yöne bakarken onlar tam tersine bakar kutuda. Kutu açıldığında ilk önce onlar göze çarpar ve herkesten önce onlar yanarlar. Aykırılık başa beladır. Bazı kibrit çöpleri birbirine yapışmıştır. Dikkat ederseniz onlar da kafadar insanlar gibidirler, yanınca diğeri de yanar. Ama en tehlikelisi kendiyle birlikte kutuyu da yakan kibrit çöpleridir. İçinde bulundukları toplumu çökertirler. Bazı kibrit çöplerinin ucunda kimyasal maddesi yoktur. Ne yaparsa yapsınlar yanamazlar. Toplumun içerisinde ot gibi yaşar giderler. Toplum nereye onlar oraya...

KÖPRÜ

~ঙ্গ~

Evvel zaman içinde, Sultan, Fırat'ın üzerine bir köprü yapılmasını istemiş. Mimar uzun süre plan üzerinde çalışmış ve köprünün yapımına girişmiş. Sultan da parasını ve askerlerini köprünün inşasında görevlendirmiş. Fırat'ın en uzun geçişlerinden birinde yapılacak zor bir inşaatmış bu. Sultan, köprünün yapılmasını bir gurur meselesi yapmış ve bu yüzden en başarılı mimarı görevlendirmiş. Uzun ve yorucu bir çalışmanın sonunda köprü bitmiş. Fırat'ın azgın sularından çok yüksekte muhteşem bir köprü olmuş. "Nasıl buldunuz Sultanım?" diye sormuş mimar. Sultan memnuniyetini anlatmış. Mimar demiş ki "Sultanım köprünün yapımında binlerce taş kullandık. Hepsi aynı evsafta ve sağlamlıkta... Ve köprü yüzyıllarca ayakta kalacak kadar güçlü. Bütün bu taşlar birbirine yaslanarak köprüyü ayakta tutuyorlar. Köprünün yapımında kullandığım taşlar arasında bir taş var, eğer o taşı çekerseniz köprü yıkılır. O taşın yerini bir tek ben biliyorum."

Sultan, mimarı köprünün üzerinden Fırat'ın aman vermez sularına atmış.

"En sağlam zincir, en zayıf halkası kadar sağlamdır"

GELECEĞİNİZİ SİZ BİÇİMLENDİRİN

~~

Bir zamanlar, her şeyden sürekli şikâyet eden, her gün hayatının ne kadar berbat olduğundan yakınan bir kız vardı. Hayat ona göre, çok kötüydü ve sürekli savaşmaktan, mücadele etmekten yorulmuştu. Bir problemi çözer çözmez, bir yenisi çıkıyordu karşısına.

Genç kızın bu yakınmaları karşısında, mesleği aşçılık olan babası ona bir hayat dersi vermeye niyetlendi. Bir gün onu mutfağa götürdü. Üç ayrı cezveyi suyla doldurdu ve ateşin üzerine koydu. Cezvelerdeki sular kaynamaya başlayınca, bir cezveye bir patates, diğerine bir yumurta, sonuncusuna da kahve çekirdekleri koydu. Daha sonra kızına tek kelime etmeden beklemeye başladı. Kızı da hiçbir şey anlamadığı gibi bu faaliyeti seyrediyor ve sonunda karşılaşacağı şeyi görmeyi bekliyordu. Ama o kadar sabırsızdı ki, sızlanmaya ve daha ne kadar bekleyeceklerini sormaya başladı.

Babası onun bu ısrarlı sorularına cevap vermedi. Yirmi dakika sonra, adam, cezvelerin altındaki ateşi kapattı. Birinci cezveden patatesi çıkardı ve bir tabağa koydu. İkincisinden yumurtayı çıkardı, onu da bir tabağa koydu. Daha sonra son cezvedeki kahveyi bir fincana boşalttı. Kızına dönerek sordu: "Ne görüyorsun?"

"Patates, yumurta ve kahve," diye alaylı bir cevap verdi kızı.

"Daha yakından bak bir de" dedi baba, "Patatese dokun."

Kız denileni yaptı ve patatesin yumuşamış olduğunu söyledi.

"Aynı şekilde yumurtayı da incele."

Kız, kabuğunu soyduğu yumurtanın katılaştığını gördü. En sonunda, kızının kahveden bir yudum almasını söyledi. Söylenileni yapan kızın yüzüne, kahvenin nefis tadıyla bir gülümseme yayıldı. Ama yine de bütün bunlardan bir şey anlamamıştı: "Bütün bunlar ne anlama geliyor baba?"

Babası, patatesin de, yumurtanın da, kahve çekirdeklerinin de aynı sıkıntıyı yaşadıklarını, yani kaynar suyun içinde kaldıklarını anlattı. Ama her biri bu sıkıntı karşısında farklı farklı tepkiler vermişlerdi. Patates daha önce sert, güçlü ve tavizsiz görünürken, kaynar suyun içine girince yumuşamış ve güçten düşmüştü. Yumurta ise çok kırılgandı; dışındaki ince kabuğun içindeki sıvıyı koruyordu. Ama kaynar suda kalınca, yumurtanın içi sertleşmiş katılaşmıştı. Ancak, kahve çekirdekleri bambaşkaydı. Kaynar suyun içinde kalınca, kendileri değiştiği gibi suyu da değiştirmişlerdi ve ortaya tamamen yeni bir şey çıkmıştı.

"Sen hangisisin?" diye sordu kızına. "Bir sıkıntı kapını çaldığında nasıl tepki vereceksin? Patates gibi yumuşayıp ezilecek misin, yumurta gibi kalbini mi katılaştıracaksın? Yoksa kahve çekirdekleri gibi başına gelen her olayın duygularını olgunlaştırmasına ve hayatına ayrı bir tat katmasına izin mi vereceksin?"

HAYATIMIZI
KİMLERE BORÇLUYUZ?

~∽~

Charles Plumb Vietnam'da da uçmuş, ABD Hava Harp Okulu mezunu bir pilottu. Savaş sırasında yaptığı 75. uçuşta, yerden hava-ya atılan güdümlü bir füze tarafından vuruldu. Derhal kendisini fırlatıp paraşütle bir ormanın içine düştü. Kısa bir süre sonra Vietkonglar tara-fından yakalandı ve tam 6 yıl Kuzey Vietnam'da esir olarak tutuldu. Bugün, Charles Plumb yaşa-dığı bu tecrübe hakkında insanlara dersler ver-mektedir.

Bir gün, Charles ve karısı restoranda yemek yer-lerken bir adam masalarına yaklaşır ve şaşkınlık içinde çığlık atar: "Aman Allahım! Sen Plumb'sun. Vietnam'da jet pilotuydun, Kitty Hawk havaala-nından. Uçağın düşmüştü!"

"Evet ama sen nereden biliyorsun bunu?" der eski pilot Plumb.

"Biliyorum, çünkü uçuş öncesi senin paraşütünü ben hazırlamıştım." Plumb hayretler içindedir. Adam elini Plumb'ın omzuna atar:

"Anladığım kadarıyla paraşüt işe yaramış."

Plumb evet anlamında kafasını sallar. "Eğer işe yaramasaydı şu an burada değildim."

Plumb o gece, restoranda masaya gelen adamı düşünmekten uyuyamaz. Savaş sırasında çoğu kez gördüğü bu adamla bir kez olsun konuşmadığını düşünür. Çünkü o bir savaş pilotu, adamsa paraşüt hazırlayan basit bir askerdir sonuçta. Oysa o basit asker, uzun tahta bir masada saatlerini harcayarak, dikkatle katladığı paraşütlerle, her seferinde hiç tanımadığı bir insanın kaderini ellerinde tutuyordu.

Bu olaydan sonra verdiği tüm derslerde, Plumb dinleyicilere ilk olarak hep aynı soruyu sormaya başladı:

"Paraşütünüzü kim hazırlıyor?"

Tüm hayatı boyunca ihtiyaç duyduğumuz her şeyi bir başkasının hazırladığı biz modern dünyanın insanlarına sorulabilecek en anlamlı sorulardan biri de bu belki de... Yaşamaya devam etmemizi sağlayan sayısız paraşütler var hayatımızda, her defasında bir başka insanın bizim için hazırladığı; maddi paraşütler, manevi paraşütler, duygusal paraşütler, ruhsal paraşütler...

Sahip olduğunuz en büyük yeteneği kim kazandırdı size veya düşünce yapınızı kim şekillendirdi? Kimler size moral verdi zor zamanlarınızda ya da hayata dair manevi değerlerin farkına varmanızı kim sağladı? Hayatınız boyunca, paraşütünüzü hazırlayan kimlerdi? İşte onlar hayatımızı borçlu olduğumuz insanlardır.

Peki siz kimlerin paraşütünü hazırlıyorsunuz, öldükten sonra arkanızda ne bırakacaksınız, hiç düşündünüz mü?

DOĞAYA SELAM

~≈~

Her yıl yapılan *"En iyi buğday"* yarışmasını yine aynı çiftçi kazanmıştı. Yarışmayı izleyen gazeteciler, çiftçiden bu başarısının sırrını öğrenmek istediler. Çiftçi: "Benim sırrım, kendi buğday tohumlarımı komşularımla paylaşmakta yatıyor" dedi. Bu cevaba oldukça şaşıran gazeteciler: "Elinizdeki kaliteli tohumları rakiplerinizle mi paylaşıyorsunuz? Ama böyle bir şeye neden ihtiyaç duyuyorsunuz ki?" diye sordular. "Neden olmasın?" dedi çiftçi. "Bilmediğiniz bir şey var; rüzgâr, olgunlaşmakta olan buğdaydan poleni alır ve tarladan tarlaya taşır. Bu nedenle, komşularımın kötü buğday yetiştirmesi demek, benim ürünümün de kalitesinin düşük olması demektir. Eğer en iyi buğdayı yetiştirmek istiyorsam, komşularımın da iyi buğdaylar yetiştirmesine yardımcı olmam gerekiyor."

ÖĞRETMEN

Öğretmenin adı Bayan Thompson'du ve en önde, sırasına adeta çökmüş gibi oturan küçük bir öğrencinin adı da Teddy Stoddard. Bir önceki yıl, Bayan Thompson, Teddy'i gözlemiş, onun diğer çocuklarla oynayamadığını, giysilerinin kirli ve kendinin de hep banyo yapması gereken bir halde olduğunu görmüştü ve Teddy mutsuz da olabilirdi. Çalıştığı okulda Bayan Thompson, her öğrencinin geçmişteki kayıtlarını incelemekle de görevlendirilmişti ve Teddy'nin bilgilerini en sona bırakmıştı. Onun dosyasını incelediğinde şaşırdı. Çünkü birinci sınıf öğretmeni; "Teddy zeki bir çocuk ve her an gülmeye hazır. Ödevlerini düzenli olarak yapıyor ve çok iyi huylu… Ve arkadaşları onunla olmaktan mutlu…" diye yazmıştı.

İkinci sınıf öğretmeni: "Mükemmel bir öğrenci, arkadaşları tarafından sevilen, fakat evde annesinin amansız hastalığı onu üzüyor ve sanırım evdeki yaşamı çok zor" diyordu.

Üçüncü sınıf öğretmeni: "Annesinin ölümü onun için çok zor oldu. Babası ona yeterince ilgi gösteremiyor ve eğer bir şeyler yapılmazsa evdeki olumsuz yaşam onu etkileyecek" diye yazmıştı.

Dördüncü sınıf öğretmenine gelince: "Teddy içine kapanık ve okula hiç ilgi göstermiyor, hiç arkadaşı yok ve bazen sınıfta uyuyor" demişti.

Şimdi Bayan Thompson sorunu çözmüştü ve kendinden utanıyordu. Öğrenciler ona güzel kâğıtlara sarılmış yeni yıl hediyeleri getirdiğinde kendini daha da kötü hissetti. Çünkü Teddy'nin armağanı kahverengi bir kese kâğıdına beceriksizce sarılmıştı. Bazıları, paketten çıkan sahte taşlardan yapılmış, birkaç taşı düşmüş bileziği ve üçte biri dolu parfüm şişesini görünce gülmeye başladılar, fakat öğretmen, bileziğin ne kadar zarif olduğunu söyleyerek ve parfümden de birkaç damlayı bileğine damlatarak onların bu gülmelerini bastırdı.

O gün okuldan sonra Teddy öğretmenin yanına gelerek; "Bayan Thompson, bugün hep annem gibi koktunuz" dedi. Çocuklar gittikten sonra öğretmen yaklaşık bir saat kadar ağladı. O günden sonra da çocuklara sadece okuma, yazma, matematik öğretmekten vazgeçerek onları eğitmeye başladı.

Teddy'e özel bir ilgi gösterdi. Onunla çalışırken zekâsının tekrar canlandığını hissetti. Ona cesaret verdikçe çocuk gelişiyordu. Yılın sonuna dek Teddy sınıfın en çalışkan öğrencilerinden biri olmuştu. Bir yıl sonra, kapısının arkasında bir not buldu. Teddy'dendi. Tüm yaşantısındaki en iyi öğretmenin kendisi olduğunu yazıyordu. Ondan yeni bir not alana kadar altı yıl geçti. Liseyi bitirdiğini, sınıfındaki üçüncü en iyi öğrenci olduğunu ve Bayan Thompson'un hala hayatında gördüğü en iyi öğretmen olduğunu yazıyordu.

Dört yıl sonra, bir mektup daha aldı Teddy'den. Üniversitede okuduğunu ve çok iyi dereceyle mezun olmak için çok çaba sarf etmesi gerektiğini yazıyordu. Ve Bayan Thompson hala onun hayatında tanıdığı en iyi öğretmendi.

Daha sonra dört yıl daha geçti ve bir mektup daha geldi. Çok iyi bir dereceyle üniversiteden mezun olduğunu ama daha ileriye gitmek istediğini yazıyordu. Ve hala Bayan Thompson onun tanıdığı ve en çok sevdiği öğretmendi. Bu kez mektubun altındaki imza biraz daha uzundu, *"Theodore F.Stoddard, Tıp Doktoru."*

İlkbaharda bir mektup daha aldı bayan Thompson. Teddy hayatının kızıyla tanıştığını ve evleneceğini yazmıştı. Babasının birkaç yıl önce öldüğünü, Bayan Thompson'un düğünde damadın anne ve babası için ayrılan yerlere oturup oturamayacağını soruyordu. Bayan Thompson törene giderken özenle sakladığı birkaç taşı düşmüş olan o bileziği taktı, Teddy'nin ona verdiği ve annesi gibi koktuğunu söylediği parfümden sürmeyi de ihmal etmedi. Birbirlerini sevgiyle kucaklarlarken, Teddy, onun kulağına "Bana inandığınız için çok teşekkürler Bayan Thompson, kendimi önemli hissetmemi sağladığınız için ve beni böyle değiştirdiğiniz için de…" diye fısıldadı.

Bayan Thompson gözünde yaşlarla ona karşılık verdi: "Yanılıyorsun Teddy… Ben değil, sen bana öğrettin. Seninle karşılaşıncaya kadar ben öğretmenliği bilmiyormuşum..!"

SINIFTA KALMIŞ,
HAYATI GEÇMİŞ Mİ?

~⌘~

Bir şirkette genç bir çalışanla görüşme yapıyordum. Kişiyi tanımaya çalışıyordum. Neler yapmış, hangi çeşmelerden su içmiş öğreniyordum. Genç adam bende olumlu bir izlenim bırakmıştı. Kendinden son derece emin, ne istediğini bilen, hırslı bir kişi idi. Genç adam öğrenim hayatını anlatırken üniversiteye giriş ve çıkış yıllarını da söyledi. Giriş ve çıkış tarihleri arasındaki süre dikkatimi çekmişti. Bu süre, dört yıldan fazla idi. Emin olmak için ben bu tarihleri tekrarlayınca, genç adam hemen açıklama yaptı, "Ben üniversiteyi beş yılda bitirdim" dedi. "Çünkü bir yıl sınıfta kaldım. Bu bir yıl bilgisayarcının yanına girip çalışmaya başladım. Ama bu sınıfta kalma olayı benim hayatımda bir dönüm noktası oldu. Ben bu olay sayesinde hayatı öğrendim." Benim ilgilendiğimi görünce genç adam sözlerine şöyle devam etti; "Oturup düşündüm. Kendi kendime sorular sordum: Niye okula gidiyorum? Okulda ne öğreniyorum? Okul bitince ne olacak? Ben hayatta ne yapacağım? Bu adeta kendi kendimle hesaplaşmamdı. O zaman fark ettim ki, okula bilinçsizce gidip geliyormuşum. Derslerdeki amacımı yanlış koyduğumu anladım. Çünkü derslerdeki tek amacım not almaktı. Hâlbuki notun dışarıda hiçbir faydasının olmadığını gördüm. Dışarıda sadece bir tek gerçek şey vardı: Bilmek. Eğer bir şeyi öğrenmişseniz, biliyorsanız yapıyordunuz. Yoksa müşteri de patron da, ne diploma görmek istiyordu ne de derslerden aldığınız notu. Derslere artık bu bilinçle gitmeye başladım. Derslerden zevk alıyordum. Öğrenince notun da otomatik olarak geldiğini görüyordum. Okulun kalan kısmı çok zevkli idi..."

Genç adamla epey konuştum. Gerçekten de bu genç yaşına göre olgunlaşmış birisi idi. Okuldayken sınıfta kalmıştı ama hayat sınıfını geçmişti. Bu genç adamı okullara götürüp konuşturmak isterdim. Belki öğrencilere iyi bir ilham kaynağı olurdu. Çünkü çevremde, bazen sınıflarımda (bazen mastır sınıflarında bile) öğrenmenin sırrına ermemiş kişileri görünce üzülüyorum. Tüm okul sürecine bir not ve diploma olarak bakanları görünce, bu bilinçsizliğe isyan ediyorum. Bu öğrenciler zannediyorlar ki, hayat bir güzellik yarışması; diploma denen kağıt parçasına sarılıp podyumda salınacaklar. Ve de bunun sayesinde birileri onları seçecek; iyi işlere girecekler ve para kazanacaklar. Ve de "ye kürküm ye" hesabı "ye diplomam ye" diye sofraya çökecekler. Bu bir gençlik rüyası... Bunun bir masal olduğunu okulu bitirince anlayacaklar. Bilmenin, öğrenmenin dışında başka çıkış yolu olmadığını elbet bir gün görecekler. Okulda sınıfta kalmasalar, hayatı geçemeyecekler. Tüm yaşamı bir okul olarak görmedikçe, öğrenmenin sırrına varmadıkça hiçbir yere varamayacaklarını belki de zor yoldan bir gün anlayacaklar.

SUYA YAZI YAZMAK

～❦～

Erenlerden biri bir nehrin kenarında müritleri ile sade bir hayat sürmekteymiş. Günün birinde, kendi müritleri ile seyahate çıkmış olan bir başka âlim, kendisini ziyarete gelmiş. Belli bir şöhrete erişmiş olan ve bu mütevazı "yoldaşına" gösterecek bazı büyük yetenekleri olan şehirli âlim bir ara demiş ki; "Ben büyük bir mucize gerçekleştirebilecek yetenekteyim. Mucizevî gücümü kullanarak bu nehrin iki yakasını taştan bir köprü ile birleştirebilirim. Hepimiz yüzmeye gerek olmadan o köprünün üzerinden karşıya geçebiliriz." Ve söylediğini yapmaya girişir: Havaya büyük şekiller çizer, sihirli formüllerden söz eder ve sonunda taştan bir köprü bulundukları kıyıdan çıkarak karşı kıyıya değene kadar uzar. Hepsi de oradan geçer ve karşı sahile varırlar. Şehirden gelen bu büyük üstat başka sihirli hareketler yaparak ve sözler söyleyerek köprüyü söker ve tamamen muzaffer bir eday-

219

la sade bir hayat süren ermişe dönerek ona şöyle der: "Ne yaptığımı gördün mü?"

"Evet" diye diğeri cevap verir sade bir hayat süren ermiş, "Ancak, anlamadığım nokta şu; sandalcı bizi sadece iki bronz paraya karşıya aynı şekilde taşırken, bu büyük mucizeye ne gerek var ki?"

KADİR KIYMET

✦

Daha önce hiç deniz yolculuğu yapmamış bir köleyle, aynı gemide bir padişah yolculuk yapıyormuş. Köle korkudan tir tir titriyormuş. Yatıştırmak için bütün uğraşılar boşa gitmiş.

Padişahın keyfi kaçıp tedirgin olmuş tabii. Herkes çaresiz, bir adam öne atılmış ve "İzin verirseniz onu sakinleştireyim" demiş. "Peki" demiş padişah, "ne yaparsan yap, yeter ki sussun şu adam!"

Bağırıp çağıran köleyi suya atmışlar. Birkaç kez batıp çıkmış yüzeye. Panik içinde "Boğuluyorum! İmdat!" diye bağırırken yakalayıp gemiye çıkarmışlar. Güvertenin bir köşesine bırakmışlar. Sessiz ve usulca oturmuş köle. Herkes şaşırmış. Padişah adama neden böyle yaptığını sormuş. Adam: "Gemideki huzur ve güvenin farkında değildi, suya düşünce değerini anladı" demiş...

DELİLER KALIYOR APTALLAR DEĞİL

～

Adamın arabasının tekeri akıl hastanesinin yanında patlar. Tekeri değiştirirken bijonları yerdeki mazgaldan aşağıya düşürür ve alması imkânsızdır. Kara kara düşünürken duvarın üstünden onu izlemekte olan bir deli seslenir: "Ne düşünüp duruyorsun, her tekerden bir tane bijonu sök ve o tekeri yerine tak, en azından bir lastikçiye kadar götürür seni."

Adam delinin dediğini yapıp tekeri yerine taktıktan sonra "ben burada deliler kalıyor sanıyordum" der. Deli cevap verir: "Deliler kalıyor, aptallar değil..."

ŞEHİR KAPISI İLE AĞIZ ARASINDAKİ FARK

~✥~

Doğu'da bir zamanlar bilgeliğinin ülkesini bir güneş gibi aydınlattığı, zekâsı ve zenginliğine kimsenin ulaşamadığı bir kral yaşarmış. Bir gün vezir üzgün bir yüzle kendisine gelmiş ve; "Yüce sultanım, siz ülkemizdeki en akıllı, en yüce, en güçlü insansınız. Yaşamımızın ve ölümümüzün efendisisiniz. Ülkede yolculuk ederken neler duydum, biliyor musunuz? Her yerde insanlar size şükrediyor. Fakat bazı insanlar sizin hakkınızda çok kötü konuşuyorlar. Alay ediyor ve akıllı kararlarınızı eleştiriyorlar. En güçlüden daha güçlü olan sizin gibi bir hükümdarın ülkesinde böyle bir başkaldırı nasıl olabilir?" demiş. Sultan hoşgörülü bir gülümsemeyle cevap vermiş: "Krallığımdaki her insan gibi sizler için neler yaptığımı biliyorsun. Yedi ülke benim kontrolümde. Benim yönetimimdeki bu ülkeler gelişti ve zenginleşti. Bu yedi ülkedeki insanlar beni adaletimden dolayı seviyor. Tamamen haklısın. Birçok şeyi yapabilirim. Şehirlerimin dev kapılarını kapattırabilirim. Fakat yapamayacağım bir şey var. Tebaamın ağzını kapatamam. Asıl önemli olan bazı insanların benim hakkımda kötü şeyler söylemeleri değil, benim iyi şeyler yapmam."

HAYATIMDAKİ YENİ SAYFA

~°~

Paranın kıymetini bilmeyen çocuğuna, babası bir gün ders vermek amacıyla, "bundan sonra sana harçlık yok. Kendi paranı kendin kazan ve artık bu eve biraz katkıda bulun" der.

Çocuk önce dayısından borç alır. Aldığı parayı babasına getirir verir. Babası çocuğun verdiği parayı alır, sobaya atar! Ertesi gün çocuk gider bu sefer halasından para ister ve alır. Halasından aldığı parayı da yine getirir babasına verir. Babası çocuğun verdiği parayı alır, sobaya atar! Ertesi gün çocuk gider amcasından borç para ister. Aldığı parayı yine babasına getirip verir. Babası çocuğun verdiği parayı alıp yine sobanın içine atar! Artık çocuğa kimse borç para vermez. İş başa düşmüştür. Çocuk bir küfe bulur. Hale gider, akşama kadar orada hamallık yapar. Biraz para kazanır. Akşam eve döndüğünde kazandığı parayı yine babasına verir. Babası oğlundan aldığı parayı tıpkı diğer aldığı paralara yaptığı gibi sobaya atmak için doğrulup uzandığında çocuk sıçrar ve babasının elini tutar. Bir taraftan babasının koluna yapışırken bir taraftan da babasına yüksek sesle bağırır: "Baba sen ne yapıyorsun? Sakın bu parayı sobaya atma. Benim bu parayı kazanmak için akşama kadar iflahım kesildi, mahvoldum" der!

STRES YÖNETİMI

～❦～

Profesör öğrencilerine "stres yönetimi" konusunda ders veriyordu...

Su dolu bir bardağı kaldırıp öğrencilerine sordu; "Sizce bu su dolu bardağın ağırlığı ne kadardır?" Cevaplar, 200 ile 400 gr arasında değişti. Bunun üzerine profesör şöyle dedi:

"Gerçek ağırlık fark etmez. Fakat durum, bardağı elinizde ne kadar süreyle tuttuğunuza göre değişir. Eğer bir dakikalığına tutarsam sorun yok, bir saatliğine tutarsam sağ kolumda bir ağrı oluşacaktır. Eğer bir gün boyunca tutarsam ambulans çağırmak zorunda kalırsınız. Ağırlık aslında aynıdır ama ne kadar uzun tutarsanız size o kadar ağır gelir."

Eğer sıkıntıları her zaman taşırsak er ya da geç taşıyamaz duruma geliriz. Yükler gittikçe artarak daha ağır gelmeye başlar. Yapmamız gereken bardağı yere bırakıp bir süre dinlenmek ve daha sonra tutup tekrar kaldırmaktır. Yükümüzü ara sıra bırakmalı, dinlenip tazelendikten sonra tekrar yolumuza devam etmeliyiz. İşten eve döndüğünüzde iş sıkıntınızı dışarıda bırakın. Nasıl olsa yarın tekrar alıp taşıyabilirsiniz.

HAYATINIZIN HANGİ DÖNEMİNİ
AYNEN YAŞAMAK İSTERDİNİZ?

❧

"**B**enim hayatımda dönüm noktası olarak nitelendirebileceğim olay bundan yaklaşık beş sene önce yaşandı. Kardeşim ve onun arkadaşları ile birlikte bir yerde oturmuş sohbet ediyorduk. Yaşamın içerisindeki çok sıradan anlardan bir tanesiydi. Hayat normal akıyordu ve ben o gün hayatımdaki en büyük sendelemeyi yaşamıştım. Kardeşimin arkadaşlarından bir tanesi bir soru sordu: Hayatının hangi dönemine geri dönüp aynen yaşamak istersin?

İşte bu soru beni nakavt olmuş bir boksör gibi yere yıkmıştı. Sanki hakem kalkmam için sayıyor ama ben yerimden bile kıpırdayamıyordum. Hayatımı düşündüm. Çocukluğum? Geç... Ergenlik dönemim? Ailemle çok büyük sorunlar yaşamıştım, ııh... Üniversite yıllarım? Oldukça zorlu bir bölümde okudum. Bir daha geçmek istemem o yoldan... Evliliğim? Iıh. Bir yandan ku-

229

mar sorunu bir yandan karımın hastalığı... Zorlu yıllardı...

Bugün... Elimde bir tek bugünün olduğunu fark ettim o anda. Artık ne yapacaksam bugünde yapacaktım. Hayatımı çok farklı yaşayacak, geri dönülesi anlar bırakacaktım ardımda".

"HAYATINI ALDIKLARINLA KAZANIRSIN AMA VERDİKLERİNİN ÜZERİNE İNŞA EDERSİN"

~~∂~~

Bir İngiliz aristokrat, karısı ve oğlu ile beraber yaz tatillerini tabiatla iç içe geçirmek üzere İskoçya'nın uçsuz bucaksız kırlarına gider. Bu tatil günlerinin birinde aristokratın oğlu köyün hemen yanı başındaki koruda tek başına dolaşmaya çıkar. Ağaçlar arasındaki su birikintisinin dayanılmaz çekiciliğine kapılarak suya girer. Delikanlı, vücudunu serin su birikintisinin keyfine bırakmıştır ki dayanılmaz bir sancıyla bir anda ne olduğunu şaşırır. Ayağına kramp giren genç adam birkaç dakika içinde kendini suyun üzerinde tutacak son gücünü de tüketir. Panik içinde can havliyle bağırmaya, yardım çağırmaya başlar. Suyun yakınlarında bir yerde, tarlasında çalışmakta olan bir köylü çocuğu, feryatları duyunca hemen işini bırakıp sesin geldiği tarafa doğru koşar. Çırpınmakta olan bir yabancı gören genç köylü hemen suya atlayarak delikanlıyı boğulmaktan kurtarır.

Delikanlının babası, oğlunun mutlak bir ölümden kurtulmasına vesile olan genç köylüyle tanışıp teşekkür etmek için evine davet eder. Sohbet sırasında cesur köylüye gelecekle ilgili planlarını sorar. "Babam gibi çiftçi olacağım" diye isteksizce cevap verir genç adam. Baba, vefa borcunu ödemek için aradığı fırsatı bulduğunu düşünür. "Başka bir şey mi olmak isterdin yoksa?" diye sorar genç köylüye. "Evet" diye başını öne eğer genç İskoç, "hep doktor olmak isterdim ama böyle pahalı bir eğitimi babam karşılayamaz..."

İngiliz baba "Tıp fakültesinde okuman için gerekli bütün masraflarını ben karşılayacağım" der.

Çiftçi Fleming'in oğlu Londra'daki St. Mary's Hospital Tıp Fakültesi'nden mezun olur ve tüm dünyaya adını penisilini bulan bilim adamı olarak duyurur. Bir süre sonra aristokratın oğlu zatürreeye yakalanır. Onu ne mi kurtarır? Penisilin!

Bu hikâyede adı geçen aristokratın adı, Lord Randolp Churchill, oğlunun adı, Sir Winston Churchill, onu kurtaran doktor yani çiftçinin oğlu ise Sir Alexander Fleming.

Aralık 1943'te Winston Churchill, Kuzey Afrika'da hastalanır. Teşhis zatürreedir. O günlerde Alexander Fleming'e haber gönderilir. Fleming

İngiltere'den Afrika'ya uçar ve yeni ilacını İngiltere Başbakanına tatbik eder. İlaç hemen tesirini gösterir. Alexander Fleming, Churchill'in hayatını kurtarır. Hem de ikinci kez.

GÖRÜNDÜĞÜ GİBİ DEĞİL

╾◆╾

İki melek yeryüzünü insan kılığında dolaşmaya çıkmışlar. Akşam olmuş... Kentin en zengin semtinde lüks bir villanın kapısını Tanrı misafiri olarak çalmışlar... Ev sahipleri somurtarak buyur etmişler onları. Yemek falan teklif etmemişler. Sıcacık misafir odaları yerine, buz gibi ve nemli bodruma iki şilte atıp "Geceyi burada geçirebilirsiniz" demişler. Şilteleri betona sererken, yaşlı melek duvarda bir çatlak görmüş. Elini uzatmış, şöyle bir sürmüş yarığa. Duvar eskisinden sağlam olmuş. Genç melek "Niye yaptın bunu?" diye sormuş merakla. "Her şey her zaman göründüğü gibi değildir" demiş yaşlı melek yavaşça.

Ertesi akşam melekler bir köy evinde çok fakir, ama çok iyiliksever bir aileye misafir olmuşlar. Her şeyleri bir tanecik inekleri imiş.,. Onun sütünü satıp geçiniyorlarmış. Ev sahipleri mütevazı sofralarına almış onları... Allah ne verdiyse beraber yemişler. Yatma zamanı gelince kadın,

"Siz uzun yoldan geliyorsunuz, yorgun olmalısınız. Bizim yatakta siz yatın, bir rahat uyuyun. Biz şu divanda idare ederiz" demiş. Güneş doğarken uyanan melekler, zavallı adamla karısını iki gözleri iki çeşme ağlar bulmuşlar. Hayattaki tek servetleri inekleri bahçede ölü yatıyormuş. Genç melek öfkeden deliye dönmüş. "Bunu nasıl yaparsın. Bu kadar iyi insanların yegâne servetinin ölmesine nasıl izin verirsin? Önceki gece gittiğimiz villada her şey vardı, ama kötü ev sahipleri bize hiçbir şey vermediler. Sen onların bodrumlarını tamir ettin. Bu fakir insanlar bizimle her şeylerini paylaştılar. İneklerinin ölmesine göz yumdun!"

"Her şey her zaman göründüğü gibi değildir evlat" demiş, yaşlı melek gene...

"Nasıl yani?" diye daha da öfkeyle yinelemiş sorusunu genç melek. Yaşlı melek anlatmaya başlamış: "İlk gittiğimiz zengin evinin o duvar çatlağının içinde yıllar önceden saklanmış bir hazine vardı. Ev sahipleri, zenginlikleri ile çok mağrur, ama hiç paylaşmayı sevmeyen insanlar oldukları için bu defineyi bulmayı hak etmemişlerdi. Çatlağı kapayıp, onları bu hazineden ebediyen mahrum ettim. Dün gece fakir köylünün yatağında yatarken ölüm meleği, adamın karısını almaya geldi. Kadının hayatını bağışlamasına karşılık ona ineği verdim. Şimdi anladın mı? Her şey her zaman göründüğü gibi değildir. İşler bazen istendiği gibi gitmez göründüğünde, aslında olan budur. Eğer inançlı isen, her işte bir hayır olduğunu düşünürsün. O hayrın ne olduğunu da, bir süre sonra anlarsın."

BÜTÜN BÜYÜK İŞLER,
KÜÇÜK BAŞLANGIÇLARLA OLUR

~~≈~~

İbrahim Peygamber'i yakmak için müthiş bir ateş yığını hazırlayıp içine atmışlar. O sırada gökte, ağzında küçük bir kuru dal olan minik bir kuş belirmiş ve peygamberin üzerinden geçerken kuru dalı ateşe bırakmış. İbrahim Peygamber kuşa seslenmiş: "O minicik çöpü atmışsın atmamışsın, bu kocaman ateş için ne fark eder ki?"

Kuş; "Olsun, düşman olduğumuz belli olsun" demiş. Az sonra, minicik gagasında bir damla su ile bir başka kuş belirmiş ve o da suyu ateşin üzerine bırakmış. İbrahim Peygamber ona da sormuş: "Bir damlacık suyu bıraktın, ama bu kocaman ateş için ne fark eder ki?"

Kuş yanıt vermiş: "Olsun, dost olduğumuz belli olsun."

ZAMANIN İÇİNDEN

Uzun yıllar önce Çin'de Li-Li adlı bir kız evlenir ve aynı evde kocası ve kaynanası ile birlikte yaşamaya başlar. Lakin kısa bir süre sonra kayınvalidesi ile geçinmenin çok zor olduğunu anlar. İkisinin de kişiliği tamamen farklıdır, bu da sık sık kavga edip tartışmalarına yol açar. Bu, Çin geleneklerine göre hoş bir davranış değildir ve çevrenin tepkisini alır. Ev, birkaç ay sonra bitmez tükenmez kavgalardan cehennem haline gelmiştir.

Artık bir şeyler yapmak gerektiğine inanan genç kız babasının eski bir arkadaşı olan baharatçıya koşar ve derdini anlatır. Yaşlı adam ona bitkilerden yaptığı bir öz hazırlar ve bunu üç ay boyunca her gün azar azar kaynanası için yaptığı yemeklerin içine koymasını söyler. Zehir az az verilecek, böylece onu gelininin öldürdüğü belli olmayacaktır. Yaşlı adam genç kıza kimsenin ve eşinin şüphelenmemesi için kaynanasına çok iyi davranmasını; ona en güzel yemekleri yapmasını söyler. Sevinç içinde eve dönen Li-Li yaşlı adamın dediklerini aynen uygular. Her gün en güzel yemekleri yapar. Kaynanasının tabağına azar azar zehir damlatır. Kimseler şüphelenmesin diye de ona çok iyi davranır. Bir süre sonra kayınvalidesi de çok değişmiştir ve artık ona öz kızı gibi davranmaktadır. Evde artık barış rüzgârları estiği için genç kadın kendisini ağır bir yük altında hisseder, yaptıklarından pişman bir vaziyette baharatçı dükkânının yolunu tutar. Yaşlı adama o ana kadar kaynanasına verdiği zehirleri onun kanından temizleyecek bir iksir vermesi için yalvarır. Artık yaşlı kadının ölmesini istemiyordur. Baharatçı, yaşlı gözlerle karşısında konuşup duran Li-Li'ye bakıp, kahkahalarla gülmeye başlar. "Sevgili Li-Li der, sana verdiklerim sadece vitamindi. Olsa olsa kayınvalideni sadece daha da güçlendirdin. Gerçek zehir, senin beyninde olandı. Sen ona iyi davrandıkça, yerini sevgiye bıraktı. Böylece artık siz gerçek bir ana kız oldunuz" der.

HAYATI KEŞFETTİREN MUZLAR

❧

Bir gezgin uzak ülkelerin birisinde yolculuk ederken, bir ağacın altında oturmakta olan bir bilgeye rastladı. Bilge kucağında bir torba, anlamlı bir şekilde gülümsüyordu.

"Niye gülümsüyorsunuz?" diye sordu gezgin.

"Muzlar sayesinde hayatın anlamını keşfettim de ondan" diye cevap verdi bilge. Bunu söylerken yanındaki torbasını açtı; çürümüş bir muz çıkarıp elinde tuttu ve şöyle dedi: "Bu, vaktini tamamlamamış bir hayatı simgeliyor. Zamanında kullanılmamış ve onun için artık çok geç."

Daha sonra, torbasından yemyeşil bir muz çıkarıp gezgine gösterdi ve şöyle dedi: "Bu da henüz vakti gelmemiş bir hayat ve doğru zamanı bekliyor."

Son olarak da olgun bir muz çıkardı, soydu ve gezginle paylaştı: "Bu da içinde bulunduğumuz zamanı simgeliyor. İnsan onu yaşamasını, onun için şükretmesini iyi bilmeli."

BAZEN GÜCÜNÜZÜ UNUTMANIZ GEREKİR

❧

Vakti zamanında çok ama çok zengin bir tüccar varmış. Bu tüccar çalışmanın insan yaşamı için vazgeçilmez bir kaynak olduğuna inanır ve herkese de anlatmaya çalışırmış. İnsanlara yardım etmeyi seven, paylaşmaktan kaçınmayan birisiymiş.

Bu tüccarın kendisiyle uyuşmayan çok ama çok farklı bir oğlu varmış. Kendini düşünen, zevki sefa peşinde, cimri, kimseye maddi manevi yardımı olmayan, aksine zarar veren avare birisiymiş. Tüccar, oğlunun böyle bir yaşam sürmesinden çok rahatsızmış. Bir gün oğlunu yanına çağırmış ve: "Bak oğlum, senin bu halini hiç beğenmiyorum. Çalışmıyor, hep gezip tozuyorsun. Dünya malıyla ilgileniyorsun. Benim bir ayağım çukurda, yarın öbür gün ben ölürsem yerime sen geçeceksin ve onun için çalışmayı öğren ve biraz da kendi adına bir şeyler yap ki senden sonra da senin için iyi şeyler söylesin insanlar. Her şey para demek değildir" demiş.

Oğlu ise: "Aman baba niye çalışayım ki? Zaten çok zenginiz. Bu para bana hayatımın sonuna kadar yeter, gezerim tozarım" diye yanıtlamış. Tüccar da bunun üzerine, "Peki oğlum, senden son bir dileğim var. Ben ölünce beni çok sevdiğim çoraplarımla gömmeni istiyorum" demiş.

Oğlu ise bunun üzerine: "Peki baba, istediğin bu olsun. Bundan kolay ne var ki?" diye cevap vermiş.

Günler böyle devam ederken bir gün tüccar ölmüş. Tüccarın elbiselerini çıkarırlarken tam çoraplarına sıra geldiğinde oğlu imama dönmüş: "Babam çoraplarını çok severdi ve ölmeden önce bana çoraplarıyla gömülmek istediğini vasiyet etmişti, onun için çorapları kalsın" demiş. İmamın bu teklifi kabul etmemesi üzerine, bir defalık yapılabileceğini ve karşılığında çok para vereceğini söylemiş. Fakat buna rağmen yine de kabul ettirememiş. Bunun üzerine çocuk "Babacığım, beni affet. Elimden geleni yaptım ama yine de çoraplarınla gömülmene izin vermiyorlar" diye düşünmüş kendi kendine.

Ve tüccarın çoraplarını çıkarttıklarında, içinden bir kâğıt parçası çıkmış. Kâğıtta şunlar yazıyormuş: "Oğlum, ben hayattayken çok zengin bir adamdım ama neye yarar. Gördüğün gibi öldükten sonra yanımda bir çift kirli çorabı bile götüremiyorum. Yanıma sadece insanların sevgilerini ve saygılarını alabiliyorum."

VERMEZSE MA'BUD,
NE YAPSIN SULTAN MAHMUD?

~ಌ~

Bir işteki kısmetsizliği ya da talihsizliği belirt-mek için bu deyimi kullanırız. Hatta buna tıpa tıp benzeyen bir başka deyim, "Kısmetse gelir Şam'dan, Yemen'den, kısmet değilse ne gelir elden?" şeklinde söylenir.

Bir gün Sultan II. Mahmud, gizli olarak halkın arasında gezdiği sırada Üsküdar'da bir ayakkabıcının, boş örse çekiç vurarak "Tıkandı da tıkandı" diye feryat ettiğini görmüş. İçeri girip bunun sebebini sormuş. Adam anlatmaya başlamış: "Rüyamda çeşmeler gördüm. Bazılarında şarıl şarıl sular akıyor, bazıları sızıyor, bir tanesi de zorla damlıyordu. Bu sırada bir derviş belirdi. Şarıl şarıl akan çeşmelerin padişahımın, sızanların kimi zenginlerin, damlayanın ise benim olduğunu söyledi. Bunun üzerine ben de yerden bir çöp aldım, çeşmenin ağzını açmaya çalıştım. Şans bu ya kırıldı, damlayan çeşme de hiç akmaz oldu. O günden sonra müşterim kesildi, kazancım bitti. İflas ettim; o yüzden böyle tıkandı da tıkandı diyerek boş örsü dövüyorum..."

Padişah saraya döner, adamın söylediklerinin doğru olup olmadığını öğrenmek için muhafızlarından birini görevlendirir. Gerçekten de adam herkes tarafından "Tıkandı Baba" diye tanınmaktadır. Her işinde mutlaka bir aksilik meydana gelirmiş.

Sultan, Ramazan ayında bu garibi sevindirmek ister. Bir tepsi baklava yapılmasını ve içine altın yerleştirilmesini, sonra bunu bir zengin konağından iftarlık geliyormuş gibi gönderilmesini emretmiş. Adam kısmetsiz ya, baklavayı iftarda yiyip bitireceğine, bunu pazarda satıp birkaç gün geçinmeyi daha uygun görmüş. Bunun üzerine padişah kızarmış hindi içinde altın göndermiş. Baklavadan kısmeti tepen adam, hindiyi de birine kaptırmış. Bunu duyan padişah küplere binmiş; Tıkandı Baba'yı hemen huzuruna çağırtmış. Tıkandı Baba korku içinde huzura çıkmış. Onun bu halini gören sultan acıyarak son bir şans daha vermeyi düşünmüş. Tıkandı Baba'yı hazineye götürerek eline bir kürek vermiş. "Küreği daldır, ne kadar altın alırsa hepsi senin" demiş. Talihsizliğin böylesi ya, Tıkandı Baba heyecandan küreği ters daldırmış ve hiç altın gelmemiş. Sadece sap kısmına bir kızıl altın takılmış. Bunu gören Tıkandı Baba düşüp bayılmış. Bu ilginç olaya şahit olan şair ruhlu padişah tarihe geçecek şu sözünü söyleyivermiş: **"Vermezse Ma'bud, ne yapsın Sultan Mahmud?"**

YAŞLI MARANGOZ

~~❧~~

Yaşlı bir marangozun emeklilik çağı gelmişti.

İşvereni olan müteahhidine çalıştığı konut yapım işinden ayrılmak istediğinden ve ailesi ile birlikte daha özgür bir yaşam sürme tasarısından söz etti.

Müteahhit iyi bir işçisini kaybetmek üzere olduğu için üzüldü ve ondan kendisine son bir iyilik olarak bir ev daha yapmasını rica etti.

Marangoz kabul etti ve işe girişti ama ne var ki gönlü yaptığı işte değildi. Baştan savma bir işçilik sergiledi ve işin kolayına kaçarak sıradan malzeme kullandı... Kendini adamış olduğu mesleğine böyle son vermek, ne talihsizlikti!

İşini bitirdiğinde müteahhit evi gözden geçirmek için geldi. Dış kapının anahtarını marangoza uzattı ve:

"Bu ev senin," dedi, "sana benden hediye."

Marangoz şoka girmişti... Ne kadar da utanmıştı! Keşke yaptığı evin kendi evi olduğunu bilseydi! O zaman onu böyle yapar mıydı?

Bizim için de hayat böyledir.

Günbegün kendi hayatımızı kurarız. Çoğu zaman da yaptığımız işe elimizden gelenden daha azını koyarız. Sonra da şoka girerek, kendi kurduğumuz evde kendi ellerimizle tasarladığımız hayatımızı yaşayacağımızı anlarız.

Sonra da tekrar yapabilecek olsak, çok daha farklısını yapacağımızı düşünürüz...

Ne var ki geriye dönemeyiz.

Marangoz sizsiniz.

Her gün bir çivi çakar, bir tahta koyar ya da bir duvar dikersiniz.

"Hayat bir tür kişisel tasarımdır." demiş birileri.

Bugün sergilediğiniz davranışlar ve yaptığınız seçimler yarın yasayacağınız evi kurar.

Öyle ise onu akıllıca kurmak gerekmez mi?

KİMLERDENSİNİZ?

∼∂∼

Bir genç evlenme hazırlığına girişmişti. Kendisi, henüz küçükken anne ve babasını kaybetmişti. Bırakılan bir miktar mülkün geliri ve akrabalarının yardımıyla tahsilini bitirmiş, kazançlı ve dürüst bir iş sahibi olmuştu. Ancak küçük yaşta hem annesini, hem babasını yitirmenin hüznünü hayat boyu hep yanında taşımıştı.

Evlenme kararını vermesinin ardından, bu temiz ahlaklı gencin neşesi artmış, hayat bağları daha da kuvvetlenmişti. Ancak, düğünden birkaç gün önce, bozuk bir yüzle bana geldi. Belli ki, bir üzüntüsünü anlatacaktı. Fakat başlangıç kelimelerini bulup çıkarmanın güçlüğü içindeydi. Bir süre sonra, rüzgâr yiyip dayanağından kurtulan bir kapı gibi gürledi. Anlattığına göre, o sabah, nişanlısının teyzesi biraz küçümser bir edayla yanına gelip, ona şöyle demiş: "Ahbaplarımız kızımızın kiminle evlendiğini öğrenmek istiyorlar. Sizi söylüyoruz ama soruyorlar; acaba kimlerden diye. Ne dememizi arzu edersiniz?"

Delikanlı, bu soruya da, bu sorunun sorulma biçimine de içerlemiş. Ama cevabı da yapıştırmış:

"Hanımefendi, *dürüst ve karakterlilerden*" dersiniz, oldu mu?"

"ÖNEMLİSİN" DEMENİN GÜCÜ

✎

New York'ta yaşayan bir öğretmen, lise son sınıftaki öğrencilerinin diğer insanlardan farklı olan özelliklerini vurgulayarak onurlandırmaya karar vermişti. California DelMar'dan Helice Bridges tarafından geliştirilmiş süreci kullanarak her bir öğrencisini teker teker tahtaya kaldırdı. İlk önce öğrencilere sınıf ve kendisi için ne kadar farklı olduklarını belirtti. Sonra her birine üzerinde altın harflerle *"Siz çok önemlisiniz"* yazılı birer mavi kurdele verdi. Daha sonra kabul görmenin toplum üzerinde ne gibi etkileri olacağını anlayabilmek amacıyla, sınıfına bir proje yaptırmaya karar verdi. Her bir öğrencisine üçer tane daha kurdele verdi, onlardan bu töreni gerçek dünyada devam ettirmelerini istedi. Öğrenciler daha sonra sonuçları takip edecek, kimin kimi onurlandırdığını tespit edecek, bir hafta boyunca sınıfa bilgi vereceklerdi.

Çocuklardan biri, gelecekteki kariyer çalışmaları için kendisine yardımcı olduğundan, yakınlardaki bir şirketin üst düzey görevlisini onurlandırmıştı. Adamın yakasına mavi kurdeleyi iliştirmişti. Daha sonra iki tane daha kurdele vermiş ve "Sınıfça bu konuda bir projemiz var. Sizden onurlandırmanız için birini bulmanızı istiyoruz. Onurlandırdığınız insanlara ekstra kurdele de verin. Böylece onlarda bu projenin devam etmesi için başkalarını bulabilirler. Daha sonra lütfen bana ne olduğu konusunda bilgi verin..."

O gün üst düzey yönetici, suratsız biri olarak bilinen patronunun yanına gitmeye karar verdi. Patronun odasına girdi ve patronuna yaratıcı bir deha olduğundan ötürü onu takdir ettiğini söyledi. Patron şaşkınlığa uğramıştı. Patronuna mavi kurdeleyi yakasına takmasına izin verip veremeyeceğini sordu. Şaşkına dönen patron, "Tabii ki" şeklinde yanıt verdi.

Üst düzey yönetici mavi kurdeleyi patronunun tam kalbinin üzerine ceketine iliştirdi. Ekstra kurdeleyi verirken; "Bana bir iyilik yapar mısınız? Siz de bu kurdeleyi onurlandırmak istediğiniz birine verir misiniz? Bunu bana veren çocuk okulda bir proje yaptıklarını söyledi. Bu kabul görme töreninin devam etmesi gerekiyormuş. Böylece insanları nasıl etkilediğini belirleyeceklermiş."

O gece patron evine geldiğinde on dört yaşındaki oğlunu yanına oturttu. "Bugün bana inanılmaz bir şey oldu. Ofisteydim, üst düzey yöneticilerden biri içeri girdi. Bana hayran olduğunu söyledi ve yaratıcı bir deha olduğum için bu kurdeleyi üstüme iliştirdi. Bir hayal etmeye çalış. Benim yaratıcı bir deha olduğumu düşünüyor. *"Siz çok önemlisiniz"* yazılı bir kurdeleyi tam göğsümün üzerine taktı. Bana ekstra bir kurdele verdi ve onurlandıracak başka birini bulmamı istedi. Arabayla eve gelirken, bu mavi kurdeleyle kimi onurlandırabileceğimi düşündüm ve aklıma sen geldin. Ben seni onurlandırmak istiyorum. Günlerim aşırı yorucu geçiyor. Eve gelince sana pek ilgi gösteremiyorum. Bazen derslerden aldığın notları beğenmeyince veya odanı toparlamayınca sana bağırıp çağırıyorum. Oysa bu gece bir şekilde buraya oturup, sana benim için ne kadar farklı olduğunu söylemek istedim. Annen gibi sen de benim hayatımdaki en önemli insansın. Sen mükemmel bir çocuksun. Seni seviyorum!"

Şaşkına dönen çocuk ağlamaya başlamıştı. Bütün vücudu titriyordu, başını kaldırdı, gözleri yaş içinde babasına baktı ve "Yarın intihar etmeyi düşünüyordum. Baba, ben senin beni sevmediğini düşünüyordum. Ama artık her şey farklı" dedi.

HEDEFLERİNİZDEN
NE KADAR UZAKTASINIZ?

~૭~

4 Temmuz 1952 günü, Florence Chadwick adında 34 yaşında bir kadın, Catalina Adası ile California arasındaki 34 kilometrelik mesafeyi geçmek için serin sulara girdi. Yoğun bir sis ve dondurucu okyanus suyu, bu kadını korkutamamıştı. Çünkü daha önce, İngiltere ve Fransa arasındaki 32 kilometrelik Manş Denizi'ni geçmişti. Ayrıca Manş Denizi'ni iki yönlü olarak geçen ilk kadındı.

Saatler geçtikçe, vücuduna sürdüğü gres yağına rağmen, dondurucu soğuk gittikçe kendisini hissettiriyordu. Yaklaşan köpek balıkları yüzünden, yanındaki koruma tekneleri birkaç kez köpek balıklarına ateş etmek zorunda kalmıştı. Televizyonun da canlı olarak verdiği mücadelede saatler ilerlemeye başlayınca, Florence'in gücü tükenmeye başladı. Teknedekiler, devamlı olarak çok az kaldığını söylüyor, moral vermeye çalışı-

253

yor ve "Asla vazgeçme!" diyorlardı. 15 saatten fazla yüzmüştü ki, artık daha fazla dayanamayacağını söyleyip, tekneye alınmak istedi. Yoğun sis ve soğuğun etkisi kendini gösterdi ve teknedekilerin ısrarları da fayda etmedi. Sonunda Florence'i tekneye aldılar. Ancak tekneye çıktıktan çok kısa bir süre sonra, büyük bir pişmanlık duydu. Çünkü kıyıya sadece birkaç yüz metre kalmıştı.

Florence kıyıya çıktığında ilk sözleri ne olmuş biliyor musunuz?

"Kıyıyı göremedim, bu kadar yakın olduğunu bilseydim asla bırakmazdım."

İki ay sonra aynı denemeyi tekrarladı ve yine yoğun sis olmasına rağmen, bu sefer sisin kendisini engellemesine izin vermedi ve başarıyla karşı kıyıya çıktı. Böylece, bu mesafeyi geçen ilk kadın olmasının yanında, erkeklerin rekorunu da 2 saat farkla kırdı.

Florence, 1953'te, Boğaziçi ve Çanakkale Boğazları'nı da başarıyla geçti.

ÖZEL ARMAĞANLAR

~◈~

Dinleme: Gerçekten dinlemek... Kesmeden, dinlermiş g

ibi yapmadan, vereceğiniz cevabı düşünmeden. Can kulağıyla...

Sevgi: Kucaklayın, öpün, eller tutun. Bu hareketler dostlarınıza, eşinize, çocuklarınıza, annenize, babanıza olan sevginizi açıkça göstermenizi sağlayan işaretlerdir.

Kahkaha: Fıkralar anlatın, neşelendirin. Onlarla birlikte olmayı sevdiğinizi gösterirsiniz.

Notlar: Bir küçük teşekkür notu, bir küçük selam, kısa bir şiir... Kısacık notlar, büyük bir anı olarak hatırlanacaktır.

İltifat: Küçücük bir iltifat, karşıdakinin moralini düzeltir, gününü aydınlatır. Küçücük bir cümleyi insanlardan esirgemeyin.

İyilik: Günlük işlerin kargaşasında yapacağınız iyilik moral verir.

Yalnızlık: İnsanlar insansız olmaz. Fakat bazen sadece yalnızlığı isteyebilirler. Bazen insanlara yalnızlığı, böylece kendilerini armağan edin.

Neşe: Neşe ve hüzün bulaşıcıdır. Hüznünüzü değil ama, neşenizi gösterin insanlara.

GÜL YAPRAĞI

❦

Uzakdoğu'da bir Budist tapınağı, bilgeliğin gizlerini aramak için gelenleri kabul ediyormuş. Burada geçerli olan incelik; anlatmak istediklerini konuşmadan açıklayabilmekmiş.

Bir gün tapınağın kapısına bir yabancı gelmiş. Yabancı kapıda öylece durmuş ve beklemiş. Burada sezgisel buluşmaya inanılıyormuş, bu nedenle kapıda herhangi bir tokmak, çan veya zil yokmuş. Bir süre sonra kapı açılmış. İçerideki Budist, kapıda duran yabancıya bakmış. Bir selamlaşmadan sonra sözsüz konuşmaları başlamış. Gelen yabancı, tapınağa girmek ve burada kalmak istiyormuş. Budist bir süreliğine kaybolmuş. Geri geldiğinde elinde ağzına kadar suyla dolu bir kap varmış. Bu kabı yabancıya uzatan Budist bu hareketiyle "Yeni bir aracıyı kabul edemeyecek kadar doluyuz" demek istiyormuş. Yabancı tapınağın bahçesine dönmüş. Bir gül yaprağı almış ve aldığı bu gül yaprağını kabın içindeki suyun üzerine bırakmış. Suyun üstünde yüzen gül yaprağı suyu taşırmamış hatta suyu güzelleştirmiş. İçerideki Budist saygıyla eğilmiş ve kapıyı açarak yabancıyı içeriye almış. "Suyu taşırmayan bir gül yaprağına her zaman yer vardır" demiş.

ÇOCUĞUNUZDAN MEKTUP VAR

$\backsim$

"**B**ütün duygu ve düşüncelerimi dile getirebilseydim, size şunları söylemek isterdim: Sürekli bir büyüme ve değişme içindeyim. Sizin çocuğunuz olsam da, sizden ayrı bir kişilik geliştiriyorum. Beni tanımaya ve anlamaya çalışın. Deneme ile öğrenirim. Beni her zaman her yerde koruyup kollamayın. Davranışlarımın sonuçlarını kendim görürsem, daha iyi öğrenirim. Bırakın, kendi işimi kendim göreyim. Büyüdüğümü başka nasıl anlarım yoksa? Büyümeyi çok istiyorsam da, ara sıra yaşımdan küçük davranmaktan kendimi alamıyorum. Bunu önemsemeyin, ama beni şımartmayın da. Hep çocuk kalmak isterim sonra... Her istediğimi elde edemeyeceğimi biliyorum. Ancak siz verdikçe, almadan edemiyorum. Bana yerli yersiz söz de vermeyin. Sözünüzü tutmayınca, sizlere güvenim azalıyor. Bana kesin ve kararlı davranmaktan çekinmeyin. Yoldan saptığımı görünce beni sınırlayın. Koyduğunuz kurallar ve yasakların hepsini beğendiğimi söyleyemem. Ancak, hiç kısıtlamayınca, ne yapacağımı şaşırıyorum. Öğütlerinizden çok, davranışlarınızdan etkilendiğimi unutmayın. Beni eğitirken ara sıra yanlışlar yapabilirsiniz. Bunları çabuk unuturum. Ancak birbirinize saygı ve sevginizin azaldığını görmek beni yaralar ve sürekli tedirgin eder. Çok konuşup, çok bağırmayın. Yüksek sesle söylenenleri ben pek duymam. Yumuşak ve kesin sözler bende daha iyi bir iz bırakır. "Ben senin yaşındayken" diye başlayan söylevleri hep kulak ardına atarım. Küçük yanılgılarımı büyük suçmuş gibi başıma kakmayın. Bana yanılma payı bırakın. Beni yaramazlıklarım için kötü çocukmuşum gibi yargılamayın. Yanlış davranışım üzerinde durup düzeltin. Ceza vermeden önce beni dinleyin. Suçumu aşmadığı sürece, cezama katlanabilirim. Beni dinleyin. Öğrenmeye en yakın olduğum anlar, soru sorduğum anlardır. Açıklamalarınız kısa ve özlü olsun. Beni yeteneklerimin üstünde işlere zorlamayın. Ama başarabileceğim işleri yapmamı bekleyin. Bana güvendiğinizi belli edin. Beni destekleyin, hiç değilse çabamı övün. Beni başkaları ile karşılaştırmayın. Umutsuzluğa kapılırım. Benden yaşımın üstünde olgunluk beklemeyin. Bütün kuralları birden öğretmeye kalkmayın. Bana süre tanıyın. Yüzde yüz

dürüst davranmadığımı gördüğünüzde ürkme-
yin. Beni köşeye sıkıştırmayın. Yalana sığınmak
zorunda kalırım. Sizi çok bunaltsam da, soğuk-
kanlılığınızı yitirmeyin. Kızgınlığınızı haklı göre-
bilirim, ama beni aşağılamayın. Hele başkalarının
yanında onurumu kırmayın. Unutmayın ki, ben
de sizi başkalarının önünde güç durumda bıraka-
bilirim. Bana haksızlık ettiğinizi anlayınca, açık-
lamaktan çekinmeyin. Özür dileyişiniz, size olan
sevgimi azaltmaz, tersine, beni size daha çok yak-
laştırır. Aslında ben sizleri olduğunuzdan daha iyi
görüyorum. Bana kendinizi yanılmaz ve erişilmez
göstermeye çabalamayın. Yanıldığınızı görünce
üzüntüm büyük olur. Bana verdikleriniz yanın-
da benden istediklerinizin zor olmadığını da bili-
yorum. Yukarıda sıraladığım istekler size çok gel-
diyse birçoğundan vazgeçebilirim, yeter ki beni
ben olarak seveceğinize olan inancım sarsılma-
sın. Benden "örnek çocuk" olmamı istemezseniz,
ben de sizden kusursuz anne-baba olmanızı bek-
lemem. Severek ve anlayışlı olmanız bana yeter..."

DÜNYANIN EN TATLI VE EN TATSIZ ŞEYİ

❦

Bir zamanlar, yaşlı bir kabile şefi kendisinden sonra kabilenin başına geçecek şef adayının ne kadar bilge olduğunu anlamak istedi. Bunun üzerine her şef adayının iki çeşit yemek yapmasına karar verdi. Birinci yemek, dünyanın en güzel ve lezzetli, ikinci yemek de en kötü ve tatsız yemeği olmalıydı. Belirlenen günde, genç şef adayı yaşlı şefin önüne çok iyi pişirilmiş, harika derecede lezzetli bir inek dili koydu. Çeşitli sebzelerle süslenmiş bu yemek gerçekten çok lezzetliydi. Ertesi gün, genç adam yaşlı şefin önüne en kötü ve lezzetsiz yemeğini getirecekti. Ama genç, yaşlı şefin önüne bir önceki günle tıpatıp aynı yemeği koydu; dil! Bunun nedenini soran yaşlı şef, alacağı cevapla yerine geçecek adamın kendisinden daha bilge olduğunu anladı: "Dünyanın en lezzetli şeyi dildir; çünkü hakikati dile getirip insanların iyiliği bulmasına yardım eder. Doğru sözler başka insanları doğru yola yöneltir ve onları cesaretlendirir.

Diller sevgi ve ahenk kelimeleriyle bütün köyümüzü bir arada tutar. Dil, dünyanın en tatlı şeyi olduğu gibi en kötü şeyi de olabilir. Öfke ve yalan söyleyen diller insanları kırar, onları yanlışa yöneltir. Dilin söylediği yalanlarla bir toplum parça parça olur. Bütün silahlardan daha korkunç şekilde köyümüzü felakete sürükleyebilir..."

ANTİKA İSKEMLELER

～✦～

Genç adam, antika merakı sebebiyle Anadolu'nun en ücra köşelerini dolaşıyor ve gözüne kestirdiği malları yok pahasına satın alarak yolunu buluyordu. Kış kıyamet demeden sürdürdüğü seyahatler sırasında başına gelmeyen kalmamış gibiydi. Fakat bu seferki hepsinden farklı görünüyordu. Yolları kapatan kar yüzünden arabasını terk etmiş ve yoğun tipi altında donmak üzereyken, bir ihtiyar tarafından bulunup, onun kulübesine davet edilmişti. Yaşlı adam, antikacının yürümesine yardım ederken, "Günlerdir hasta olduğumdan, odun kesmek için ilk defa dışarıya çıktım, meğer seni bulmak için iyileşmişim" dedi.

Diz boyuna varan karla boğuşup kulübeye geldiklerinde, antikacının beyaz göre göre donuklaşan gözleri fal taşı gibi açıldı. Odanın orta yerindeki kuzinenin etrafını saran üç-dört iskemle, onun şimdiye kadar gördüğü en güzel antikalar olmalıydı. Saatlerdir kar içinde kalan vücudu bir anda ısınmış, buzları bir türlü çözülmeyen patlıcan moru suratını ateşler kaplamıştı. Yaşlı adam, misafirini yatırmak için acele ediyordu. Ona birkaç lokma ikram edip sedirdeki yatağını hazırlarken, "Bugün soba yakamadım evladım" dedi: "Ama bu yorganlar seni ısıtacaktır..."

Ev sahibi yıllar önce vefat eden eşiyle paylaştıkları odaya geçerken, antikacı da tiftikten örülen battaniyelerin arasına gömüldü. Ancak bütün yorgunluğuna rağmen bir türlü uyuyamıyordu. Ertesi gün bitmeden önce ne yapıp edip o iskemleleri almalı, bunun için de iyi bir senaryo uydurmalıydı. Mesela, hayatını kurtarmasına karşılık ihtiyardan birkaç koltuk satın alabilir ve eskimiş olduğu bahanesiyle dışarı çıkarttığı iskemleleri, çaktırmadan minibüsün arkasına atabilirdi. Hatta onları kaptığı gibi kaçmak bile mümkündü. Yürümeye dahi mecali olmayan ihtiyar, sanki onun peşinden mi koşacaktı?

Genç adam, kafasındaki fikirleri olgunlaştırmaya çalışırken dalıp dalıp gidiyor ve rüzgârın sesiyle uyandığı zamanlar, kaldığı yerden devam ediyordu. Bu arada yaşlı adamın sabah namazına kalktığını fark etmiş, hayal meyal olsa bile odun parçaladığını duymuştu. Gözlerini açtığında, onun kuzine üzerinde yemek pişirdiğini gördü ve etrafına bakınırken, birden iskemleleri hatırladı. Hafifçe doğrulup çevresine baktı. Antikalardan hiçbiri ortada yoktu. İhtiyar kurt, herhalde planını hissetmiş, belki de uykudaki konuşmasını duyarak onları emin bir yere kaldırmıştı. Sakin görünmeye çalışarak, "İliğim kemiğim ısınmış. Çorbanız da güzel koktu doğrusu. Ama akşamki iskemleleri göremiyorum" dedi. Yaşlı adam, odanın köşesine yığdığı iskemle parçalarından birini daha sobaya atarken, "İskemle dediğin dünya malı be evladım" diye cevap verdi ve ekledi: "Biz misafirimizi üşütür müyüz?"

KARAMSAR İLE İYİMSER BAKIŞ

~~<>~~

Bir zamanlar, her şeyden sürekli şikâyet eden; her gün hayatinin ne kadar berbat olduğundan yakınan bir kız vardı. Hayat, ona göre, çok kötüydü ve sürekli savaşmaktan, mücadele etmekten yorulmuştu. Bir problemi çözer çözmez, bir yenisi çıkıyordu karşısına. Genç kızın bu yakınmaları karşısında, mesleği asçılık olan babası ona bir hayat dersi vermeye niyetlendi. Bir gün onu mutfağa götürdü.

Üç ayrı cezveyi suyla doldurdu ve ateşin üzerine koydu. Cezvelerdeki sular kaynamaya başlayınca, bir cezveye bir patates, diğerine bir yumurta, sonuncusuna da kahve çekirdeklerini koydu. Daha sonra kızına tek kelime etmeden, beklemeye başladı. Kızı da hiçbir şey anlamadığı bu faaliyeti seyrediyor ve sonunda karsılaşacağı şeyi görmeyi bekliyordu. Ama o kadar sabırsızdı ki, sızlanmaya ve daha ne kadar bekleyeceklerini sormaya başladı. Babası onun bu ısrarlı sorularına cevap vermedi. Yirmi dakika sonra, adam, cezvelerin altındaki ateşi kapattı.

Birinci cezveden patatesi çıkardı ve bir tabağa koydu. İkincisinden yumurtayı çıkardı, onu da bir tabağa koydu. Daha sonra son cezvedeki kahveyi bir fincana boşalttı. Kızına dönerek sordu:

- Ne görüyorsun?

-Patates, yumurta ve kahve? diye alaylı bir cevap verdi kızı.

-Daha yakından bak bir de dedi baba, patatese dokun.

Kız denileni yaptı ve patatesin yumuşamış olduğunu söyledi. Aynı şekilde, yumurtayı da incele. Kız, kabuğunu soyduğu yumurtanın katılaştığını gördü. En sonunda, kızının kahveden bir yudum almasını söyledi. Söylenileni yapan kızın yüzüne, kahvenin nefis tadıyla bir gülümseme yayıldı. Ama yine de bütün bunlardan bir şey anlamamıştı:

-Bütün bunlar ne anlama geliyor baba?

Babası, patatesin de, yumurtanın da, kahve çekirdeklerinin de aynı sıkıntıyı yaşadıklarını, yani kaynar suyun içinde kaldıklarını anlattı. Ama her biri bu sıkıntı karşısında farklı tepkiler vermişlerdi. Patates daha önce sert, güçlü ve tavizsiz görünürken, kaynar suyun içine girince yumuşamış ve güçten düşmüştü. Yumurta ise çok kırılgandı; dışındaki ince kabuğun içindeki sıvıyı koruyordu. Ama kaynar suda kalınca, yumurtanın içi sertleşmiş katılaşmıştı.

Ancak, kahve çekirdekleri bambaşkaydı. Kaynar suyun içinde kalınca, kendileri değiştiği gibi suyu da değiştirmişlerdi ve ortaya tamamen yeni bir şey çıkmıştı.

- Sen hangisisin? diye sordu kızına. Bir sıkıntı kapını çaldığında nasıl tepki vereceksin?

Patates gibi yumuşayıp ezilecek misin?

Yumurta gibi, kalbini mi katılaştıracaksın?

Yoksa, kahve çekirdekleri gibi, başına gelen her olayın duygularını olgunlaştırmasına ve hayatına ayrı bir tat katmasına izin mi vereceksin?

GERÇEK HAZİNE

A li, uzun yıllar boyunca dedesinden bir hikâye dinleyerek büyümüştü. Hikâyede bir defineden bahsediliyordu. Define altınla dolu bir sandıktı. Ama bu sandığa ulaşmak öyle kolay değildi. Başka define hikâyelerinden farklıydı bu hikâye. Kâğıtların üstüne çizilmiş esrarengiz haritalar yoktu ortada. Altın sandığına ulaşmak için ilginç bir yol izlenmeliydi. Kırk iyilik yapmak gerekiyordu bunun için. İyiliklerin her birinin kırkar canlıya yönelik olması gerekti.

Ali, dedesinden dinlediği hikâyenin tesirinde öyle kalmıştı ki, dedesinin vefatının üzerinden yıllar geçmiş olmasına rağmen, bunu unutmamıştı. Kararını vermişti; bu defineye ulaşmak zor olsa da, deneyecekti. Üç yıl boyunca bu iyilikleri yapmak için çok uğraştı. Kırk fidan dikti. Kırk çocuğu giydirdi. Kırk hastaya baktı. Kırk yaşlının işlerine koştu. Yaptığı iyilikler sayesinde etrafta çok sevilen biri olmuştu. O da bu durumdan memnundu. Adı yörede "Hızır Ali"ye çıkmıştı.

Tam otuzdokuz kez kırkar canlıya iyilik etmişti. Şimdi kırkıncı kez farklı bir iyilik yapmalıydı. Ama bir türlü aklına yaptıklarının dışında bir şey gelmiyordu. Haftalarca düşündü bulamadı. Sonunda gidip bir yol kenarına oturdu. Yoldan gelip geçen insanlara soracaktı. Ali, kime yapması gereken son iyiliğin ne olabileceğini sorduysa, ya onu deli sanıp cevap vermediler ya da yine yaptığı iyiliklerden birini söylediler. Ali, çaresizlik içindeydi.

O gece yine sıkıntıyla yola çıkıp bir kenara oturmuştu. Yıldızlarla dolu gökyüzü, dolunayın da tesiriyle ortalığı aydınlatıyordu. Düşüncelere dalmıştı. Uzaktan uzağa köyün tek tek yanan ışıkları görünüyordu. Arada bir köpek havlamaları duyuluyordu. Tam o sırada birisi seslendi:

- Hey evlât, gel bana yardım et.

Ali, sesin geldiği yöne irkilerek döndü. Oldukça yaşlı, saçı-sakalı bembeyaz bir ihtiyar adam orada duruyordu. Sırtındaki çuvalı ağır ağır yere bırakıp yorgun sesiyle tekrar seslendi.

- Evlâdım! Şu çuvalı tepedeki kulübeye çıkarmam gerek. Ama gücüm kalmadı. Uzun yoldan da geliyorum. Hadi bir yardım et de çıkaralım.

Ali, aylardır düşünüp durduğu iyilik için bir

fırsat olabilir mi diye bir an düşündü. Ama hemen bu düşüncesinden vazgeçti. Nihayetinde karşısındaki tek bir kişiydi. Oysa onun iyilikleri kırkar canlıya olmalıydı.

Ali yine de:

- Peki olur, dedi yaşlı adama. Sana yardım edeceğim.

Çuvalı sırtına aldı. Ve tepeye çıkmaya başladılar. Yaşlı adam sordu:

- Orada oturmuş, öylece ne düşünüyordun evlâdım?

- Ah, ah! Bir bilseniz, dedi ve hikâyesini anlattı.

Yaşlı adam gülümsedi:

- Senin için çok mu önemli altınlar?

- Elbette, dedi Ali. Çocukluğumdan beri bu hikâyedeki altınlara ulaşma hayaliyle büyüdüm. Ama işte bir türlü yapmam gereken kırkıncı iyiliği bulamıyorum.

- Biraz değişik bir hikâye, dedi yaşlı adam. Dedenin doğru söylediğinden emin misin? Nihayetinde bu sadece bir hikâyedir belki.

- Ali'nin yüzü ciddileşti.

- Dedem dediyse doğrudur. O hiç yalan söylemezdi. Mutlaka altın sandığı var. Ve ona ulaşmanın yolu da bu.

Yaşlı adam yine gülümsedi:

- Peki öyleyse. Yarın akşama kadar benimle kalırsan sana bu kırkıncı iyilik için yardım ederim.

- Ali, sevinçle kabul etti. Kısa süren bir yolculuktan sonra tepedeki kulübeye varmıştılar. Ali, çuvalı yaşlı adama teslim eti. Adam da kapıyı açtı. Ona yatacak yer ve biraz da yiyecek verdi.

- Yarın, dedi, erken kalkacağız. Biraz uyusan iyi olur.

- Ali söyleneni yaptı. Ertesi sabah erkenden kalktılar. Yaşlı adam çuvalı genç Ali'nin sırtına verdi, birlikte aşağıdaki köye indiler. Ev ev dolaşmaya başladılar. Sabahın bu saatinde ortalıkta kimse yoktu. Her evin kapısının önüne geldiklerinde yaşlı adam çuvaldan bir paket çıkarıp bırakıyordu. Böylece tam kırk kapı dolaştılar. Son kapıya da bir paket bırakınca yaşlı adam Ali'ye dönerek:

- İşte istediğin oldu, dedi.

Ali merakla:

- O paketlerde ne vardı?, diye sordu.

- Her pakette kitap vardı. Ama her eve orada oturan kişinin ihtiyaç duyduğu kitapları bıraktık. Meselâ kalbi katılaşan bir adamın evinin önüne merhametle ilgili, cimri bir kadınınkine cömertlikle ilgili, sakatlığı yüzünden hayata küsen bir çocuğunkine aslında ne çok şeye sahip olduğuyla ilgili kitaplar koyduk. Böylece tam kırk kişiye iyilik yapmış olduk. Artık altın sandığına ulaşabilirsin. İşte sana dün gece kaldığımız kulübenin anahtarı. O kulübede masanın altını kaz. Sandık orada gömülü, senindir.

Ali kulaklarına inanamıyordu. Sevinçle:

- Nihayet hayalime kavuşuyorum, dedi. Anahtarı aldığı gibi kulübeye koştu. Bir kazma bulup denilen yeri kazdı. Gerçekten de altın dolu sandık oradaydı. Sevinçle sandığı çıkarıp altınları bir çuvala doldurdu. Altınlarla aşağı inince; yaşlı adamın onu beklediğini gördü.

- Artık altınlara kavuştun, dedi yaşlı adam. Şimdi onlarla ne yapacaksın.

- Ne mi yapacağım, canım ne isterse onu alacağım. Arabalar, evler, güzel giysiler, daha neler neler. Krallar gibi yaşayıp mutlu olacağım.

- Demek böyle mutlu olacağını düşünüyorsun. Peki öyleyse sana yardım etmeme karşılık bir isteğimi yapar mısın?

- Elbette, dedi Ali.

- Tam bir yıl sonra burada buluşalım.

Ali, kabul etti. Gerçekten de Ali altınlarına kavuşunca önce çok güzel ve büyük bir ev aldı, sonra arabalar. Tatillere çıktı, dünyayı dolaştı. Güzel kıyafetler aldı. Ama tüm bunlar olurken, ilk günlerin heyecanı geçtikçe, Ali bir şey fark etmeye başlamıştı. Aklına gelen her şeyi alıyordu ama mutlu olamıyordu. Bir türlü yüzü gülmüyor, aksine etrafındaki bu şatafat onu sıkıyordu. Bir yıl böylece çabucak geçti.

Ali, mutsuz bir şekilde, yaşlı adamla buluşacağı yere geldi. Yaşlı adam biraz daha bükülmüş beliyle onu bekliyordu.

- Ne oldu evlât, mutlu olabildin mi? diye sordu.

Ali:

- Hayır, dedi. Canımın her istediğini aldım. Böyle mutlu olacağımı düşünmüştüm. Ama şimdi anlıyorum ki yanılmışım.

Yaşlı adam gülümseyerek Ali'nin sırtını sıvazladı:

- Evlâdım, dedi. Geçen yıla kadar ki hayatını hatırla. Hani hep iyilik yapıyordun. Her iyilik yaptığında, her ağlayan yüzün gülmesine, her ihtiyaç sahibinin ihtiyacının giderilmesine vesile olduğunda kalbinde beliren duygu sence neydi?

-Evet, dedi Ali. Hatırlıyorum. Ben hazineme ulaşmak için her iyilik yaptıktan sonra mutlu olduğumu hissederdim. Canlılara yardım ettikçe onların yüzlerindeki gülümseme bana da geçerdi. Yüzüm ışıldardı.

- İşte, dedi yaşlı adam, dedenin ulaşmanı istediği hazine bunu anlamandı. Ancak iyilik yaparak mutlu olabilir, çevrene faydan dokundukça yaşarsın. Kulübede bulduğun altınlar ise sadece benim yerini bildiğim altınlardı. Dedenle bir ilgisi yoktu. Bana hikâyeni anlatınca senin mutluluğun sırrını anlaman için böyle davrandım.

Ali şaşkınlıkla dinlemişti tüm bu sözleri. Demek dedesi onun için böyle bir hikâye anlatıp durmuştu.

Yaşlı adam:

- Şimdi ne düşünüyorsun?, diye sordu.

Ali gülümseyerek cevap verdi:

- Size çok teşekkür ederim, dedi. Bana gerçek hazinenin iyilik yaparak mutlu olmak olduğunu öğrettiniz. Tüm hayatım boyunca bunu unutmayacağım. Ve artık bunun için uğraşacağım.

KAVANOZDAKİ TAŞLAR

ᨑ

Zamanın iyi ve üretken olarak kullanımı konusunda zaman zaman kurslar düzenleniyor. İşte bu kurslardan birinde zaman kullanma uzmanı öğretmen, çoğu hızlı mesleklerde çalışan öğrencilerine:

"Haydi, küçük bir deney yapalım," demiş.

Masanın üzerine kocaman bir kavanoz koymuş. Sonra bir torbadan irice kaya parçaları çıkarmış, dikkatle üst üste koyarak kavanozun içine yerleştirmiş.

Kavanozda taş parçası için yer kalmayınca sormuş:

"Kavanoz doldu mu?"

Sınıftaki herkes:

"Evet, doldu," yanıtını vermiş.

"Demek doldu ha!" demiş hoca. Hemen eğilip bir kova küçük çakıl taşı çıkartmış, kavanozun tepesine dökmüş. Kavanozu eline alıp sallamış, küçük parçalar büyük taşların sağına soluna yerleşmişler.

Yeniden sormuş öğrencilerine:

"Kavanoz doldu mu?"

İşin sanıldığı kadar basit olmadığını sezmiş olan öğrenciler:

"Hayır, tam da dolmuş sayılmaz," demişler.

"Aferin!" demiş zaman kullanım hocası. Masanın altından bu kez de bir kova dolusu kum çıkartmış. Kumu kaya parçaları ve küçük taşların arasındaki bölgeler tümüyle doluncaya kadar dökmüş.

Ve sormuş yeniden:

"Kavanoz doldu mu?"

"Hayır dolmadı," diye bağırmış öğrenciler.

Yine "Aferin!" demiş hoca. Bir sürahi su çıkarıp kavanozun içine dökmeye başlamış.

Sormuş sonra:

"Bu gördüklerinizden nasıl bir ders çıkardınız?"

Atılgan bir öğrenci hemen fırlamış:

"Şu dersi çıkarttık. Günlük iş programınız ne kadar dolu olursa olsun, her zaman yeni işler için zaman bulabilirsiniz."

"O da doğru ama" demiş zaman kullanma hocası, "Çıkartılması gereken asıl ders şu: Eğer büyük taş parçalarını baştan kavanoza koymazsanız, daha sonra asla koyamazsınız."

Ve ardından herkesin kendi kendisine sorması gereken soruyu sormuş:

"*Hayatınızdaki büyük taş parçaları hangileri, onları ilk iş olarak kavanoza koyuyor muyuz? Yoksa kavanozu kumlarla ve suyla doldurup, büyük parçaları dışarıda mı bırakıyoruz?*"

HER İŞTE BİR HAYIR VARDIR!

ッ

Bir zamanlar Afrika'daki bir ülkede hüküm süren bir kral vardı. Kral, daha çocukluğundan itibaren arkadaş olduğu, birlikte büyüdüğü bir dostunu hiç yanından ayırmazdı. Nereye gitse onu da beraberinde götürürdü. Kralın bu arkadaşının ise değişik bir huyu vardı. İster kendi başına gelsin ister başkasının, ister iyi olsun ister kötü, her olay karşısında hep aynı şeyi söylerdi:

"Bunda da bir hayır var!"

Bir gün kralla arkadaşı birlikte ava çıktılar. Kralın arkadaşı tüfekleri dolduruyor, krala veriyor, kral da ateş ediyordu. Arkadaşı muhtemelen tüfeklerden birini doldururken bir yanlışlık yaptı ve kral ateş ederken tüfeği geriye doğru patladı ve kralın baş parmağı koptu. Durumu gören arkadaşı her zamanki sözünü söyledi:

"Bunda da bir hayır var!"

Kral acı ve öfkeyle bağırdı: "Bunda hayır filan yok! Görmüyor musun, parmağım koptu?" Ve sonra da kızgınlığı geçmediği için arkadaşını zindana attırdı.

Bir yıl kadar sonra, kral insan yiyen kabilelerin yaşadığı ve aslında uzak durması gereken bir bölgede birkaç adamıyla birlikte avlanıyordu. Yamyamlar onları ele geçirdiler ve köylerine götürdüler. Ellerini, ayaklarını bağladılar ve köyün meydanına odun yığdılar. Sonra da odunların ortasına diktikleri direklere bağladılar. Tam odunları tutuşturmaya geliyorlardı ki, kralın başparmağının olmadığını fark ettiler. Bu kabile, batıl inançları nedeniyle uzuvlarından biri eksik olan insanları yemiyordu. Böyle bir insanı yedikleri takdirde başlarına kötü şeyler geleceğine inanıyorlardı. Bu korkuyla, kralı çözdüler ve salıverdiler. Diğer adamları ise pişirip yediler.

Sarayına döndüğünde, kurtuluşunun kopuk parmağı sayesinde gerçekleştiğini anlayan kral, onca yıllık arkadaşına reva gördüğü muameleden dolayı pişman oldu. Hemen zindana koştu ve zindandan çıkardığı arkadaşına başından geçenleri bir bir anlattı.

"Haklıymışsın!" dedi. "Parmağımın kopmasında gerçekten de bir hayır varmış. İşte bu yüzden, seni bu kadar uzun süre zindanda tuttuğum için özür diliyorum. Yaptığım çok haksız ve kötü bir şeydi."

"Hayır," diye karşılık verdi arkadaşı. "Bunda da bir hayır var."

"Ne diyorsun Allah aşkına?" diye hayretle bağırdı kral. "Bir arkadaşımı bir yıl boyunca zindanda tutmanın neresinde hayır olabilir."

"Düşünsene, ben zindanda olmasaydım, seninle birlikte avda olurdum, değil mi? Ve sonrasını düşünsene?"

SARI ÖKÜZ

⤫

Eski zamanların birinde bir otlakta öküz sürüsü yaşarmış...

Yaşarmış yaşamalarına ama civardaki aslanlar bir türlü rahat bırakmazlarmış onları... Hemen her gün saldırırlarmış bu sürüye...

Öküz dediğin de öyle yabana atılır bir hayvan değil ki, bir araya toplandılar mı kolayca defetmesini bilirlermiş o koca aslanları...

Gün geçtikçe aslanları almış bir kaygı: "Herhalde bize bu otlağı terk etmek düşüyor" demiş aslanlardan birisi...

"Evet" diye tasdik etmiş diğerleri...

"Nereye gideriz" diye düşünürlerken, "Bir dakika" diye bir ses duymuşlar gerilerden... Herkes dönüp bakmış sesin geldiği tarafa... Sürünün en çelimsiz, ama kurnaz mı kurnaz bir ferdi olan topal aslanmış söze atılan...

"Hayır" demiş, "Hiçbir yere gitmiyoruz... Siz bana bırakın, ben hallederim bu işi..." İnanmamış kimse ona ama "Haydi bir şans verelim ne çıkar" diye düşünmüşler...

Topal aslan elinde beyaz bayrak gitmiş öküzlerin yanına...

Öküzlerin lideri olan boz öküz sormuş ne istediğini...

Topal aslan; "Saygıdeğer öküz efendiler" diye başlamış lafa:

"Bugün buraya sizden özür dilemek için geldik... Evet, size defalarca saldırdık, ama niye biliyor musunuz? Hep o sizin aranızdaki sarı öküz yüzünden... Onun rengi gözümüzü kamaştırıyor, aklımızı başımızdan alıyor... Onu gördüğümüzde ne kadar barışsever olduğumuzu unutup size saldırıyoruz... Bunların hepsi sarı öküzün suçu... Verin onu bize, siz kurtulun biz de barış içinde yaşayalım!.."

Boz öküz, diğer önde gelenlerle görüşmek üzere geri çekilmiş... Hepsi de sıcak bakmışlar bu teklife... Bir tek yaşlı benekli öküz "Olmaz" demiş ama kimseye dinletememiş sözünü...

Zavallı sarı öküz teslim edilmiş aslanlara...

Diğerleri üzülmüşler üzülmesine ama elden ne gelir ki!..

Bütün sürünün selameti için bir öküz...

Gerekliymiş bu...

Gerçekten de günlerce sürüye saldıran olmamış... Huzur içinde geçer olmuş günleri... Ama aslan milleti bu, ne kadar sabreder ki? Hele öküz etinin tadını aldıktan sonra...

"Acıktık" demişler bir gün...

Topal aslan boz öküzün yanına giderek "Selam" diye girmiş söze:

"Gördünüz ya biz aslanlar ne denli uysal milletiz... Yalnız buraya bunu söylemek için gelmedim... Büyük bir problemimiz var!.."

"Nedir?" demiş boz öküz merakla...

"Şu sizin uzun kuyruklu öküz" demiş topal aslan ve devam etmiş:

"Öyle uzun bir kuyruğu var ki nereden baksak görünüyor... O kuyruğu salladıkça bizim de aklımız başımızdan gidiyor... Gözümüz dönüyor, sürüye saldırmamak için kendimizi zor tutuyoruz... Gelin verin onu bize bu mevzuyu burada kapatalım... Eskisi gibi barış ve huzur içinde iki taraf da hayatını sürdürsün..."

Boz öküz yine istişare yapmış sürünün ululariyla... Yine sadece benekli öküz olmuş karşı çıkan... Hepsi de "Verelim gitsin" demişler... İstişare daha da kısa sürmüş bu defa... Dışlamışlar uzun kuyruğu sürüden... Saatler sürmüş zavallının çırpınışları ama sonunda o da yenik düşmüş aslanlara...

Tekrar tekrar yinelenmiş bu olanlar...

Her geçen gün daha da semirmiş aslanlar, alabildiğince güçlenmişler...

Öküzlerse her geçen gün daha da zayıflamışlar, seyreldikçe seyrelmişler...

Aslanlar küstahlaştıkça küstahlaşıyorlarmış... Artık bir sebep bile söyleme gereği duymuyorlarmış;

"Verin bize bu öküzü sonra karışmayız" derlermiş sadece...

Zavallı öküzlerin "Hayır" diyebilecek güçleri kalmamış...

Hepsi birer birer can veriyorlarmış aslanların pençesinde...

Boz öküz de aralarında olmak üzere birkaçı kalmış en sona...

Birgün kalanlar bir araya toplanıp durum değerlendirmesi yapmışlar... Öküzlerden biri:

"Ne oldu bize, oysa ne kadar da güçlüydük aslanlara karşı... Bu savaşı ne zaman kaybettik?" diye sormuş ortaya...

"Biz bu kavgayı " demiş boz öküz, gözleri nemli ve sesi pişmanlıkla titreyerek; "Sarı Öküz'ü verdiğimiz gün kaybettik!.."

FİLOZOF ve KAPTAN

A li her şeyi bildiğini zanneden bir filozofmuş. Aynı zamanda ülkenin en zeki adamı olduğunu da söyler dururmuş. Ali bir gün Sam isimli arkadaşının tavsiyesi üzerine bir deniz yolculuğuna çıkmış. Gezinin ilk günlerinde filozof Ali, tayfalarla sürekli felsefe konuşuyormuş. Daha doğrusu kendisi anlatıyor. Tayfalar dinliyormuş. Bu dinleme biraz da sıkıcı olmuyor değilmiş hani.

Tayfalarla birlikte kaptan da bu işten çok sıkılmış olacak ki bir gün, filozof Ali'ye konuştuklarından çok sıkıldıklarını söylemiş. Ali söylenene hiç aldırmadan, "Felsefe hakkında bir şey biliyor musun sen?" diye sormuş kaptana. Kaptan "Üzgünüm ama hayır," deyince. Ali büyük bir kibirle, "Ne acı, bunu bilmemekle gitti hayatının yarısı," demiş.

Kaptan hiçbir şey söylemeden dümenin başına dönmüş.

Günlerce süren gemi yolculuğunda filozof Ali hiç kimseye Bir şey sormadan, kimseyi dinlemeden sadece kendi bildiklerini konuşuyormuş. Mesela kıyıdan uzaklara açılmalarına rağmen deniz, okyanus, yüzmek, geminin hızı veya okyanusların güvenliği ile ilgili hiçbir şey merak etmiyormuş...

Bir süre sonra bulundukları yerde birden fırtına kopacağı işaretini almışlar. Kaptan bu durumdan iyice endişe duymaya başlamış. Bütün mürettebat telaşa kapılmış: bir şeyler yapmanın çaresine bakarken filozof Ali, kendi kabininde kafası yine kendi konularıyla meşgul, umursamaz bir şekilde oturuyormuş.

Rüzgâr şiddetini artırıp, gemide kaptan dâhil herkes kontrolünü kaybedince, gemi su almaya başlar ve kabaran dalgalardan göz gözü görmez olur. Herkes ortalıkta koşuştururken, kaptanın aklına Ali gelmiş. Mürettebatının birine Ali'yi aratmış. Mürettebat Ali'nin odasına girdiğinde onu kabinin kapısına yapışmış, dengesini korumaya çalışırken bulmuş. Çabuk acele et; gemi batıyor hemen terk etmeliyiz. Ali paniklemiş ne olduğunu anlamaya çalışırken, bir anda kendini güvertede bulmuş.

Güverte de Ali'yi gören kaptan. Yüzme biliyor musun? diye sormuş. Ali panik içinde hayır deyince kaptan ne acı! Bunu bilmemekle kaybettin hayatının tamamını demiş. Bunu söylemekle kaptan. Filozof Ali'ye hayatı boyunca unutamayacağı bir ders vermiş olur.

O gece kaptan ve mürettebat sular sakinleşince, başka bir gemi yardımıyla kurtulmuşlar. Tabi ki Ali de... O günden sonra da Ali'nin ağzından o çok bildiği felsefe hakkında tek kelime bile çıkmamış.

Bu olaydan birkaç yıl sonra Ali, yakın dostu olduğu kaptana bir hediye göndermiş. Dalgalarla boğuşan bir gemi resmiymiş bu. Fakat asıl önemli olan geminin altında yazılı olan sözlermiş.

"Sadece boş şeyler su üstünde kalır.

İnsani ihtiyaçlardan uzak dur ki varlık okyanusunda yüzebilesin."

YABANCILAR KIRMIZI
ISIKTA NEDEN DURUYOR?

Almanya'da bir dost ziyaretinden dönüyorduk. Arabayı ben sürüyordum. Yolun ilerisinde bir kaza olduğunu gördüm. Ne olmuş diye bakarken, birden dört yol ağzında olduğumuzu fark ettim. Işık kırmızıya dönmüş ve ben geçmiştim. Yapacak bir şey yoktu, olan olmuştu. Duramazdım, yola devam ettim. Gece yarısından sonraydı. Saat 2 gibiydi.

Allah'tan, çevrede polis falan da yoktu. Bu olayın üstünden bir hafta kadar geçmişti. Bir mektup aldım; karakola çağırıyorlardı. Gittim. Beni bir odaya aldılar.

"Bir konuda bilginize başvuracağız. Size bir fotoğraf göstereceğiz. Bu araba sizin şirkete ait. Geçen hafta, şu gün, saat 02:12'de su kavşakta kırmızı ışıkta geçerken kameraya yakalanmış. Bakın bakalım, direksiyondaki kişiyi tanıyor musunuz?" Fotoğrafa baktım, "Pek tanıyamadım bu kişiyi," dedim. Bunun üzerine bir fotoğraf daha çıkardılar.

Bu benim fotoğrafımdı. "Bu sizin fotoğrafınız, bunu yabancılar şubesinden bulduk. Biz, otomobildeki kişi ile bu fotoğraftaki kişinin aynı olduğunu düşünüyoruz? Ne dersiniz?" dediler. "Cevap vermeden önce, isterseniz avukatınızla görüşünüz," diye de eklediler.

"İsterseniz size prosedürü anlatalım. Eğer bu arabayı süren ben değilim derseniz, sizi mahkemeye vereceğiz. Mahkeme uzmanlara başvuracak. Eğer resimdeki kişi olduğunuz ispat edilirse para cezası alacaksınız. Bu ceza, eğer arabayı sürenin siz olduğunu kabul ederseniz, vereceğiniz cezanın birkaç katı olacak. Bir de resmi makamları oyalamaktan dolayı ayrı bir cezaya maruz kalacaksınız."

Düşündüm.

Avukatıma soracak bir şey yoktu. "Verin, bir daha bakayım fotoğrafa," dedim. Sonra da "Evet, bu arabadaki kişi benim," dedim. Memnun oldular, "Doğru seçim yaptınız," dediler. Yüklü bir ceza ödedim... Ama ehliyetime el koydular. "Ne zaman alırım ehliyetimi geri?" diye sorduğumda, "Bizden haber bekleyiniz," dediler. Aradan bir hafta geçti. Bir hastaneden davet aldım.

Beni göz kliniğine çağırıyorlardı. Gittim. Sıkı bir göz muayenesinden geçtim.

Sonra beni bir grup doktorun karşısına çıkardılar. Her biri benim raporu eline alıp, "Renk körü değilsiniz. Gözünüzün sağlam olduğunu biliyor musunuz? Ama kırmızı ışıkta geçmişsiniz," dediler.

Artik bana ehliyetimi geri verecekler diye düşündüm. Ama vermediler. Aradan bir hafta, on gün geçti. Yine hastaneden bir davet aldım; bu kez psikiyatri bölümünden.

Verilen tarihte hastaneye gittim. Beni bir odaya aldılar. Odada dört doktor vardı. İlk doktor, "Raporunuza bakıyorum. Gözleriniz sağlammış. Ama trafik ışıkları kırmızıya döndükten tam 58 saniye sonra geçmişsiniz. Bunun yanlış olduğunu biliyor musunuz?" diye sordu. Ben de "Evet, yanlış bir davranış," dedim. Ayni şeyi, diğer doktorlar da aynen tekrarladı. Ben de "Evet, yanlış bir davranış," diye ayni cevabi verdim. Artık bana ehliyetimi geri verecekler diye düşündüm.

Ama vermediler.

Aradan bir hafta, on gün gibi bir süre geçti. Bir mektupla karakola davet aldım. Gittim, sanırım artık ehliyetimi geri alacaktım. Ama düşündüğüm gibi olmadı. "Sizi, trafiğe çıkaracağız," dediler.

Bana bir program verdiler. Bu, günde iki saatlik, dört günlük bir programdı. İlk gün gittim. "Arabaya binin, şehir içinde dolaşacağız," dediler. Benimle birlikte üç kişi daha bindi arabaya. Hareket ettim. İlk trafik ışıklarında durdum. Yanımdaki görevli, "Buna, trafik ışığı denir. Kırmızıda durulur. Sarı ışık, kırmızıya dönüşü gösteren uyarıdır. Anladınız değil mi?" dedi. Ben de tekrarladım "Evet, kırmızı da durulur. Sarı ışık, kırmızıya dönüşü gösteren uyarıdır." Işık yeşile döndüğünde kalktım. Görevli, "Yeşil ışıkta da kalkılır, değil mi?" dedi. Ben de tekrar ettim, "Evet, yeşil ışıkta kalkılır." Yolda bir süre sonra kırmızıya dönen bir ışığa rastladık. Bu kez arkadaki görevlilerden birisi, "Buna, trafik ışığı denir. Kırmızıda durulur. Sarı ışık, kırmızıya dönüşü gösteren uyarıdır. Anladınız değil mi?" dedi.

Ben de tekrarladım, "Evet, kırmızıda durulur. Sarı ışık, kırmızıya dönüsü gösteren uyarıdır." diye tekrar ettim. Bu sahneyi iki saat süresince her ışıkta tekrarladık. O günden sonraki üç günde de, yine arabama üç görevli bindi. Her ışıkta aynı sahne usanılmadan tekrarlandı. Ama sonunda ben de ehliyetimi geri aldım.

Yukarıdaki öyküyü Almanya'da yaşayan bir Türk işadamından dinledim.

"Sonuç ne oldu?" dedim. Çok ciddi biçimde cevap verdi, "Ben artık kırmızıda hep duruyorum."

AYAKKABICI

～✦～

A yakkabıcı, yeni getirdiği malları vitrine yerleştirirken, sokaktaki bir çocuk onu izlemekteydi. Okullar kapanmak üzere olduğundan, spor ayakkabılara rağbet fazlaydı. Gerçi mallar lüks sayılmazdı ama küçük bir dükkân için yeterliydi. Onların en güzelini ön tarafa koyunca, çocuk vitrine doğru biraz daha yaklaştı. Fakat bir koltuk değneği kullanmaktaydı. Hem de güçlükle.

Adam ona bir kez daha göz attı. Üstündeki pantolonun sol kısmı, dizinin alt kısmından sonra boştu. Bu yüzden de sağa sola uçuşuyordu. Çocuğun baktığı ayakkabılar, sanki onu kendinden geçirmişti. Bir müddet öyle durdu. Daldığı hülyadan çıkıp yola koyulduğunda, adam dükkândan dışarı fırlayıp:

- Küçük, diye seslendi. Ayakkabı almayı düşündün mü? Bu seneki modeller bir harika!

Çocuk, ona dönerek:

- Gerçekten çok güzeller, diye tebessüm etti. Ama benim bir bacağım doğuştan eksik.

- Bence önemli değil, diye atıldı adam. Bu dünyada her şeyiyle tam insan yok ki! Kiminin eli eksik, kiminin de bacağı. Kiminin de aklı ya da vicdanı.

Küçük çocuk, bir şey söylemiyordu. Adam ise konuşmayı sürdürdü:

- Keşke vicdanımız eksik olacağına, ayaklarımız eksik olsaydı.

Çocuğun kafası iyice karışmıştı. Bu sefer adama doğru yaklaşıp:

- Anlayamadım, dedi. Neden öyle olsun ki?

- Çok basit, dedi adam. Eğer vicdan yoksa cennete giremeyiz. Ama ayaklar yoksa, problem değil. Zaten orada tüm eksiklikler tamamlanacak. Hatta sakat insanlar, sağlamlara oranla daha fazla mükâfat görecekler...

Küçük çocuk, bir kez daha tebessüm etti. O güne kadar çektiği acılar, hafiflemiş gibiydi. Adam, vitrini işaret ederek:

- Baktığın ayakkabı, sana yakışır, dedi. Denemek ister misin?

Çocuk, başını yanlara sallayıp:

- Üzerinde 30 lira yazıyor, dedi. Almam mümkün değil ki!

- İndirim sezonunu, senin için biraz öne alırım, dedi adam. Bu durumda 20 liraya düşer. Zaten sen bir tekini alacaksın, o da 10 lira eder.

Çocuk biraz düşünüp:

- Ayakkabının diğer teki işe yaramaz, dedi. Onu kim alacak ki?

- Amma yaptın ha! diye güldü adam. Onu da sağ ayağı eksik olan bir çocuğa satarım. Küçük çocuğun aklı, bu sözlere yatmıştı. Adam, devam ederek:

- Üstelik de öğrencisin değil mi? diye sordu.

- İkiye gidiyorum, diye atıldı çocuk. Üçe geçtim sayılır.

- Tamam işte, dedi adam. 5 Lira da öğrenci indirimi yapsak, geri kalır 5 lira. O da zaten pazarlık payı olur. Bu durumda ayakkabı senindir, sattım gitti!

Ayakkabıcı, çocuğun şaşkın bakışları arasında dükkana girdi. İçerideki raflar, onun beğendiği modelin aynısıyla doluydu. Ama adam, vitrinde olanı çıkarttı. Bir tabure alıp döndükten sonra çocuğu oturtup, yeni ayakkabısını giydirdi. Ve çıkardığı eskiyi göstererek:

- Benim satış işlemim bitti, dedi. Sen de bana, bunu satsan memnun olurum.

- Şaka mı yapıyorsunuz? diye kekeledi çocuk. Onun tabanı delinmek üzere. Eski bir ayakkabı, para eder mi?

- Sen çok câhil kalmışsın be arkadaş, dedi adam. Antika eşyalardan haberin yok herhalde. Bir antika ne kadar eski ise, o kadar para tutar. Bu yüzden ayakkabın, bence en az 30-40 lira eder.

Küçük çocuk, art arda yaşadığı şokları üzerinden atabilmiş değildi. Mutlaka bir rüyada olmalıydı. Hem de hayatındaki en güzel rüya. Adamın, heyecandan terleyen avuçlarına sıkıştırdığı kâğıt paralara göz gezdirdikten sonra, 10 liralık banknotu geri vererek:

- Bana göre 20 lira yeterli, dedi. İndirim mevsimini başlattınız ya!

Adam onu kıramayıp parayı aldı. Ve bu arada yanağına bir öpücük kondurdu. Her nedense içi içine sığmıyordu. Eğer bütün mallarını bir günde satsa, böyle bir mutluluğu bulamazdı. Çocuk, yavaşça yerinden doğruldu. Sanki koltuk değneğine ihtiyaç duymuyordu. Sımsıcak bir tebessümle teşekkür edip:

- Babam haklıymış, dedi. *'Sakat olduğum için üzülmeme hiç gerek yok!'* demişti.

KAYNAKÇA

* Hayatınızı Değiştiecek Öyküler I,
  Büyükdere. Hakan, Neden Kitap, 2004
* Hayatınızı Değiştiecek Öyküler II,
  Büyükdere. Hakan, Neden Kitap, 2005
* Hayatınızı Değiştiecek Öyküler III,
  Büyükdere. Hakan, Neden Kitap, 2005
* Her Şeye Sahip Olmak Senin Elinde, Arslan,
  Yrd. Doç. Dr. Kahraman, Neden Kitap, 2007
* Mevlana'dan Altın Öyküler, Büyükdere,
  Hakan- Dündar Ali, Kozmik Kitaplar, 2005
* Düşündüren Mevlana, Elitez, Ziya, Kozmik
  Kitaplar, 2005
* Bilgelik Hikâyeleri, Kılıç, Cevdet, İnsan
  Kitap, 2008
* Gündüz Düşleri, Ford, Arielle, Kozmik
  Kitaplar, 2006
* Hot Chocolate For The Mystical Teenage
  Soul, Ford, Arielle, Plume Book, 2000
* More Hot Chocolate For The Mystical Soul,
  Ford Arielle, Plume Book,1999
* The Kahlil Cibran Reader, Cibran Kahlil,
  Citadel Press, 2005